• 중국무술의 대명사 「쿵후」의 전부!

현대 쿵후교본

현대레저연구회 편

太乙出版社

첫머리에*

쿵후, 그 멋과 위력에 대하여

쿵후하면 무엇보다도 먼저 중국영화「정무문(精武門)」에 나오는 이소룡(李小龍)의 연기(演技)가 생각날 것이다.

물이 흐르는 것과 같이 부드러운 동작 속에서 가공할 힘이 솟아나는 것을 보고, 영화「정무문」의 관람자들은 한결같이 손에 땀을 쥐었다.

이 영화를 통하여 이소룡은 일약 중국 무술 영화의 대부가 되었다. 그의 명성은 세계적으로 빛났다.

그 후부터, 중국무술 하면 '이소룡' 할 만큼 그의 인기는 날로 치솟았다.

그가 죽고 난 후에도 그의 인기는 중국무술과 더불어 계속 정상을 차지하고 있다.

중국무술의 주된 권법은 태극권과 소림권, 그리고 중국 각 권법계에서 비장으로 전해져 내려오는 몇 개의 권법이 그 주류를 이룬다.

이 책에서는 다채로운 중국 권법의 모든 분야에 걸친 총집약을 꾀함으로써 중국무술(쿵후)의 진면목을 보이고자 했다.

중국무술의 특징은 손과 발의 주무기 뿐만 아니라 각종의 무기(병기) 사용과도 연계성이 있다는 점이다. 맨손으로 칼을 든 적을 위압할 수도 있고, 단도로 쌍검을 든 상대방을 제어할 수도 있다.

동작 하나하나가 상당히 부드러우면서도 절도가 있다. 곁에서 보아서는 극히 판단하기 어려울 정도의 절도감이 부드럽게 움직이는 신체를 둘러싸고 있다. 말하자면 부드러운 절도라고나 할까. 아뭏든 그 부드러움 속에서 이어지는 절도있는 동작이 바로 가공할 위력을 창출해내는 중국무술의 비법이다.

이 책을 읽는 독자에게 부탁하고 싶은 것은, 단순한 흥미나 영웅주의적인 심리로 중국무술을 익히지 말라는 것이다. 참된 정신의 수양과 신체의 수련 목적으로서만 중국무술을 익히고, 그 기량을 닦아나가도록 해달라는 것이다. 그러한 정신적인 강함이 없이는 결코 올바른 무예가(武芸家)가 될 수 없을 것이기 때문이다.

이 책은 아직 중국무술에 대한 조예가 없는 사람이라 하더라도 충분히 이해하고 마스터할 수 있도록, 비교적 쉽게, 사진동작과 해설을 곁들였다. 이 책을 읽는 독자 여러분은 모두 중국무술의 진수를 이해할 수 있으리라 믿는다.

아울러 중국무술에 조금이라도 관심이 있는 독자 여러분에게는 더없는 지침서가 될 수 있기를 빈다.

편 자 씀.

차 례*

*차　례

차 례*

제3장 형의권의 기법

제4장 팔괘장의 기법

제5장 응용무기편

*차 례

제1장 중국권법 개설

1. 중국 권법의 역사

(1) 중국 권법의 기원

일반적으로 중국 무술의 기원은 대략 4.500년 전으로 거슬러 올라간다고 되어 있다. 또, 중국 권법의 기원의 존재를 증명하는 문헌을 찾아보면, 후한(後漢)의 반고(班固) (기원전 32~92)가 펴낸 한서백권(漢書百卷) 중에 채록(採錄)되어 있는 『한서예문지(漢書芸文誌)』에 「수박육편(手搏六篇)」이라는 책이 있었던 것이 기재되어 있다. 그러나 불행하게도 이 「수박육편(手搏六篇)」의 원본이 되는 것은 오늘날에 이르기까지 발견되고 있지 않다. '수박(手搏)'의 문자에서는, 손발을 당수(唐手)와 같이 사용하는 것 또는 '(搏)박'은, 강력범이나 적병을 체포하는 일종의 체포술이었는지도 모른다. 그러나 일설에 의하면, 「수박육편(手搏六篇)」은 격투 기법을 해설한 것이 아니라, 죄인을 체포할 때의 심득집(心得集)이라고도, 수박(手搏)의 살상 등에 대한 심득집 (心得集)이었다고도 일컬어지고 있다. 만일 무술법을 해설한 것이라고 한다면, 중국에서는 한(漢) 시대에 이미 무술의 체계가 확립되어 있었다고 볼 수가 있다. 중국 권법에 관련되는 문헌으로써는, 이 「수박육편(手搏六篇)」이 무기서(武技書)로써는 최고(最古)의 것이 될 것이다.

중국 권법을 구체적으로 도식한 기법 설명으로 나타낸 기록으로는, 『기효신서(紀效新書)』(1584)나 『무비지(武備誌)』(1621)가 있다.

『기효신서(紀效新書)』는, 왜구의 진압에 활약한 척계광(戚継光) 장군(1528~1587)이 그 전투 경험에서 왜구의 전법이나 중국 각지의 각종 무술을 조사하여, 병학·무술 등 18편에 달하는 실용 병서(兵書)를 발표했던 것이다. 또, 척계광(戚継光) 장군이 진압한 왜구의 '왜(倭)'는 일본에 대한 고칭(古称)으로 '구(寇)'는 도적의 뜻이다. 즉 왜구란 일본의 해적을 말하는 것이다. 당시,

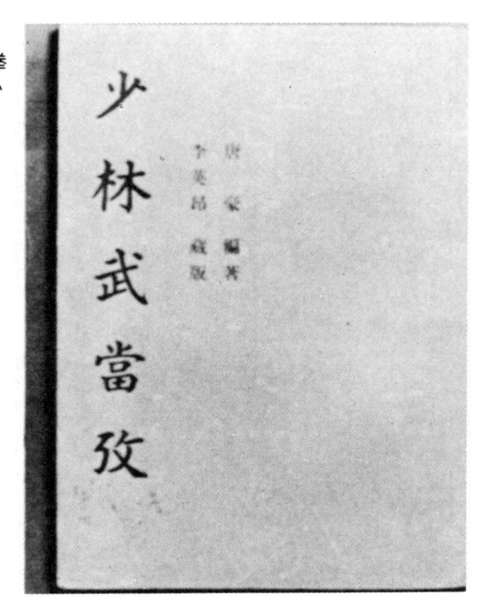

▶ 역사가 당호(唐豪) 씨가 권법사(拳法史)에 대하여 저술한『소림무당공(少林武当功)』

왜구는 북 큐우슈우의 쓰시마 및 세또나이까이 각지를 근거지로 하는, 명주(名主)나 지주들이 낭인(浪人)이나 서민을 모아 조직하여 적게는 2～3척, 많을 때는 수백 척의 선단(船団)으로 출격할 정도로 위세가 있었다고 한다.

척계광(戚継光) 장군이 편찬한 이『기효신서(紀効新書)는 중국의 병법서의 고전인 손자(孫子) 오자(呉子)의 병서와 나란히 명저로 불리우고 있다.

『무비지(武備誌)』는 모원의(茅元儀)가 병학·무술의 연구 자료를 포함한 2,000여 종의 병서를 독파하고, 실로, 15년의 세월에 걸쳐 편집한 것이다. 이것은 전 5부 184항목 240권이라고 하는 대저(大著)가 되었다. 이것은 당시의 병법에 관한 백과 사전이라고 일컬어지고 있다. 단,『무비지(武備誌)』도 병법에 대해서는『기효신서(紀効新書)』에 게재되어 있는 내용이 그대로 기록되어 있다.

이제까지의 공수도(空手道)의 교본의 통설(通説)로 되어 온 공수 전래설에는, 달마대사(達磨大師)가『역근경(易筋経)』『세수경(洗髄経)』의 2권을 전하여, 이것에 의해 소림사의 수업승(修業僧)은 심신의 단련을 실시하여, 이것이 소림사의 권법으로 발전되었다. 그러나, 중국의 무술 연구가인 당호(唐豪) 씨는『소림 무당공(少林武当功)』(1919) 중에서 달마대사가 전한『역근경(易筋経)』『세수경(洗髄経)』의 2경(二経)이, 도교주의(道教主義)에 의한 양생법(養生法)을 설명한 것이며, 그리고『역근경(易筋経)』의 원전도 1800년대 이전의 것은 출전되어 있지 않으며, 앞의 2권은 저자를 달마대사로 가탁(假託)한 것이며, 게다가 청국(清國) 시대에 접어든 다음 만든 것이라는 몇 가지 근거를 예시하며 반증(反証)하고 있다.

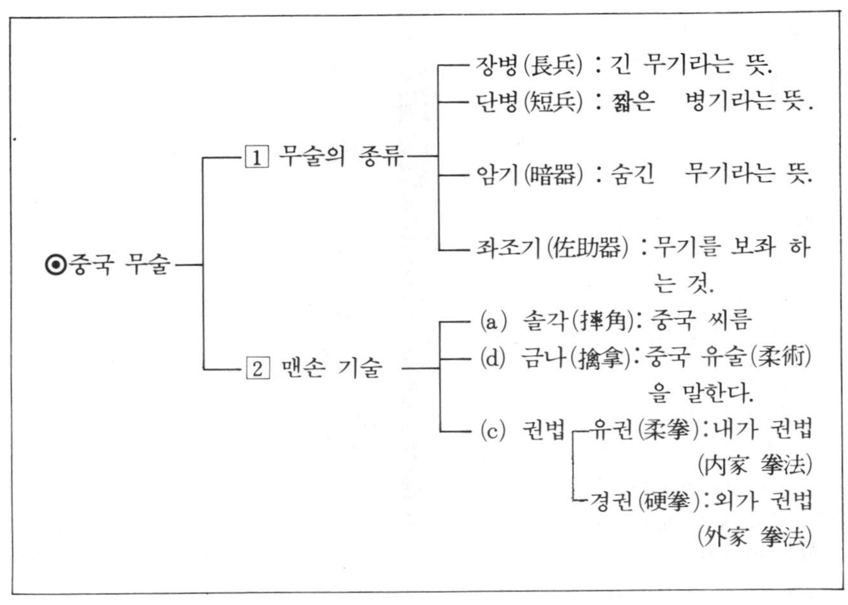

▲ 중국 무술의 종류

여기에서, 오늘날에는 『역근경(易筋経)』『세수경(洗髄経)』은, 청(清)시대가 된 후 편찬되었다고 하는 설(説)이 유력시되고 있다. 또 『기효신서(紀効新書)』에 있는 「권경(拳経)」도, 현재 일반적으로 실시되고 있는 중국 권법의 실상에 관한 구체적인 자료가 되는 것은, 마찬가지로 청국(清國)시대 이후에 이론화된 것이다. 전술(前述)한 문헌에 기록된 훨씬 이전부터 존재했다고 일컬어지고 있는 중국 권법도, 실제로는 청(清)시대 이후 전설화(伝説化)된 것이 많고, 정말 수백년, 수천년의 역사와 전통을 가지고 있다고 단정할 수 있는 자료는 거의 볼 수 없다.

이제까지 중국 권법의 흐름에 관하여 중국 무술의 역사와 함께 간단하게 설명하였지만, 중국 권법이라고 하더라도 중국 무술의 일부에 지나지 않는다. 여기에서 중국 무술의 전반에 걸쳐서 생각하여 보면, 우선 (1) 무기를 필요로 하는 것, (2) 무기는 필요로 하지 않고 맨손으로 실시하는 것으로 크게 나눌 수 있다. 그리고 맨손으로 실시하는 무술은, (a) 솔각(摔角), (b) 금나(擒拿), (c) 권법(拳法)의 세 종류로 분류된다. 이하, 이들에 대하여 해설하면 다음과 같이 규정된다.

▲쌍수대(双手帯)와 창(槍)
창과 쌍수대(双手帯)는 양손을 사용하기 때문에 장병(長兵)에 속한다. 쌍수대(双手帯)는 마참도(馬斬刀)라고도 하며, 말의 다리를 절단하여 말에 타고 있는 사람을 낙마시키는 데에 효과가 있다.

▲쌍창(双槍)
쌍창(双槍)은 창이지만, 한쪽으로 사용하는 것으로 단병(短兵)이다.

◉ 각종 무기

중국 무술의 무기의 명칭은 사용하는 기계(중국에서는 무기를 기계라고 한다.)의 대소(大小)에 의해 더욱 그 명칭을 분류하고 있다. 예를 들면, 창, 쌍수대(双手帯)와 같이 긴 병기는, 양손을 사용하지 않고는 다룰 수 없는 병기이기 때문에 장병(長兵) 기계(器械)로써 구분된다. 또, 짐, 도끼, 칼, 단봉(短棒), 구절편(九節鞭) 등과 같이, 한 손으로 다룰 수 있는 기계는, 짧은 병기이므로 단병 기계로 구분된다. 수리검(手裏劍), 표도(鏢刀), 비차(飛叉), 비도(飛刀), 아미극(峨嵋刺)과 같이 작은 무기로, 자신의 신체에 숨길 수 있는 기계는, 숨긴 무기라는 뜻에서 암기(暗器)로써 구별되고 있다. 그리고 또, 무기와 유사한 것으로, 보조적인 도구가 되는 방패, 밧줄 등은 무기를 보좌하는 것으로 좌조기(佐助器)라고 총칭되고 있다. 이상과 같이 구분되는 기계(器械)의 수는 매우 많다.

그들 중에는 현재에는 실제로 사용되었었는지, 되지 않았었는지 판명되지 않은 것, 그 사용법이 좀처럼 불투명한 것 등도 다수가 있다.

▲ 곤(또는 혼)과 삼절곤(三節棍)
문파에 따라 각종이 있으며, 봉의 길이나 크기도 여러 가지이다. 곤(棍)의 변화형으로써 쌍절곤(双節棍)이나 삼절곤(三節棍)이 있다.

▲ 쌍구(双鉤)
기마용(騎馬用) 무기로 날끝이 갈고랑이로 되어 있으며, 쥐는 곳에도 달 모양(月形)의 갈고랑이가 있다. 이 무기를 사용할 때는, 양손의 갈고랑이를 경쾌하게 움직여야 한다.

▲ 쌍당(双撞)
대목추(大木槌)에 12면의 각을 붙여, 금구(金具)를 찔러넣는 것. 도끼를 쥐듯이 사용한다.

▲ 구절편(九節鞭)
채찍의 일종으로, 삼절편(三節鞭)·칠절편(七節鞭)·구절편(九節鞭)·십이절편(十二節鞭)의 구별이 있고, 채찍에는 한손으로 사용하는 단편(単鞭)과 양손으로 조작하는 쌍편(双鞭)이 있다.

▲ **아미극**(**峨嵋刺**)
품 속에 숨기는 무기로, 비녀 등으로 변형시키는 경우도 있다.

▲ **공수탈창**(**空手奪槍**)
역 관절을 누르거나, 상대의 급소를 눌러 무기를 사용하지 않고, 상대를 제압한다.

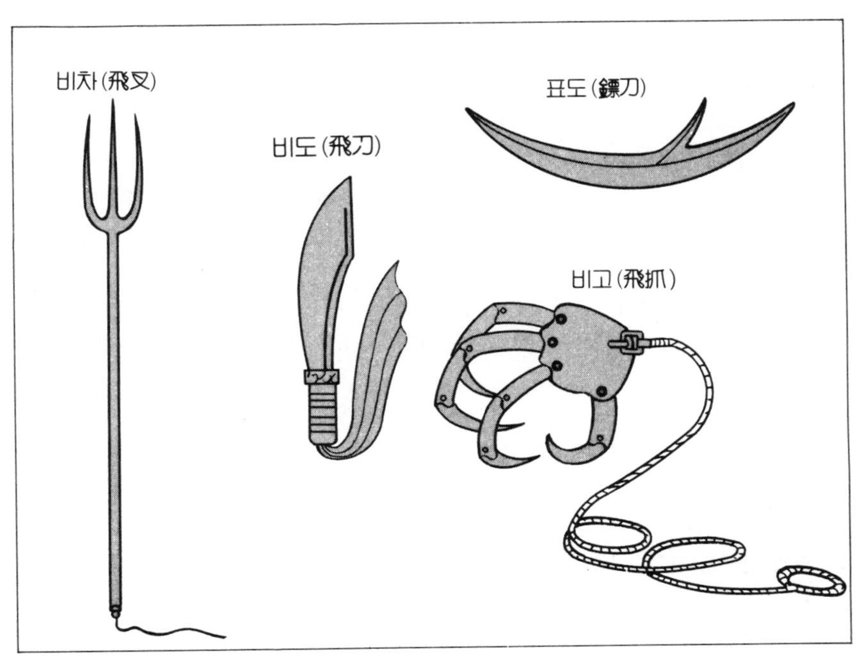

▲ 각종의 암기(暗器) (『무술내외공총의(武術內外攻総涯)』에서)

▲ 중국 솔각법(摔角法) (『중국 솔각법(摔角法)』에서)

⊙ 솔각 (摔角)

중국 씨름으로, 중국 북부 지방에서 특히 성하게 실시되었다. 솔각(摔角)의 명칭은 각각 시대에 따라 달라, 진(秦) 나라 이전은 각저(角觝) 라고 불렀으며, 군대에 있어서 필수 체육이었다. 『한무제본기전(漢武帝本紀伝)』에 의하면, '원(元) 나라 3년 봄, 각저(角觝) 연극이 있어 삼백리 이내의 사람이 모두 모였다'라고 기록되어 있다. 위(魏)나라 이후는 각저(角觝) 라고 부르지 않고, 상박(相搏), 씨름이라고 불렀고, 당(唐) 나라 때는 교력(校力), 송대(宋代)에는 쟁교(争交), 그리고 명(明) 나라 이후는 솔각(摔角), 관교(貫跤) 등으로 불렀다.

⊙ 금나(擒拿)

금나법(擒拿法)은 『기효신서(紀効新書)』에도 기재되어 있는 '응과왕지나(鷹瓜王之拿)' 가 그 원류라고 전해지고 있다. 금(擒) 은 맹수의 손톱으로 노획물을 잡는다는 뜻이고, 나(拿) 는 손바닥을 말한다. 즉, 왼쪽·오른쪽 손으로 맹수와 같은 적의 근육, 관절, 신경, 급소 등을 잡는 기(技) 로, 그 때문에 분근착각법(分筋錯角法) 또는 마근술(麻筋術) 이라고도 불리운다.

⊙ 권법(拳法)

문자 그대로 권(주먹) 을 사용하는 기술이다. 찌르기, 치기, 차기 등의 기법을 손발을 사용하여 행동하는 기로 이루어져 있다. 현재, 일반적으로는, 달마대사(達磨大師)가 창시하였다고 일컬어지고 있는 것을 소림파 권법이라고 칭하고, 별칭(別称)을 외가권(外家拳), 또는 강권(剛拳), 또는 경권(硬拳)이라고도 한다.

소림권에 대하여, 힘을 빼고 신체를 부드럽게 움직이는 권법을 유권(柔拳), 또는 금권(錦拳) 등으로 칭하며, 별칭(別称)을 내가권(内家拳)이라고도 하여 태극권(太極拳), 형의권(形意拳), 팔괘장(八卦掌)이 이 계통에 속한다. 또, 이 유권법(柔拳法)에 속하는 삼문파(三門派)를 칭하여, 내가권법(内家拳法) 삼대문(三大門)이라고 총칭하고 있다. 이 책(本書)에서 말하는'중국권법'은 이 내가권(内家拳) 3대문(三大門)이다.

(2) 남파 권법과 북파 권법

중국 권법은, 권법이 보급되어져 온 지역이나 기술 내용에 따라 각각 2가지로 대별(大別)되어져 있다. 지역적으로 나누는 경우는, 양자강을 경계로 하여 남방지역(광동성, 복건성을 중심으로 한 지역)에서 성하였던 권법을 남파 권법이라고 칭하며, 양자강 보다 북방 지역인 황하 유역에서 실시되던 권법(하북성, 산동성에서 특히 성행하였다.)을 북파 권법술이라고 불렀다.

이와 같이, 지역적으로 나누는 경우는 남파와 북파이지만, 기술상으로 보아도, 남파와 북파에는 커다란 차이가 있다. 예를 들면, 지역 구분에 의한 남파 권법의 대표적인 문파인 소림권법을 외가권(外家拳)이라고 부른다. 이 외가권법(外家拳法)은, 기술상의 단련법이나 동작이 일본의 공수와 같이 단단하게 보이기 때문에, 강(剛 : 경(硬))권이라고 부르며, 그 단련 목적이 주로 근력 강화이기 때문에, 외공권(外功拳)이라고도 부르고 있다. 한편, 황하 지역 일대에 보급되어 있던 권법이, 북파 권법이라고 불리워지게 된 것은 청조(清朝) 시대부터이다. 북파의 대표적인 문파는 내가권(内家拳)에 속하는 태극권(太極拳), 형의권(形意拳), 팔괘권(八卦拳)이다.

북파 권법은, 신체를 부드럽게 하여 도교 산술의 호흡법을 사용하여 근육 단련보다 내장의 강화가 주목적이 되고 있기 때문에, 유권(柔拳), 연권(軟拳), 내공권(内功拳)이라고도, 내가권(内家拳)이라고도 하는 별칭(別称)으로 불리우고 있는 것은 앞에서 서술한 대로이다.

이 책(本書)에서 소개할 태극권, 형의권, 팔괘권은 북파권에 속하는데, 전설에 의하면, 북파와 남파로 구별되게 된 것은 청조(清朝) 정부에 반항하고 있던 하남(河南)의 소림사의 중들이, 감시가 소홀한 남방 지역으로 이동하여, 한민

족(漢民族) 정부의 재건을 위한 권법을 사제들에게 보급하기 시작한 것이 그 시초라고 한다. 그리고 이것이 남파 소림권이 되었던 것이다. 또 소림권에는 북파 소림권도 있다.

소림사의 무술에 관한 기록에 의하면, 적어도 명대(明代) 중기(中期)까지는 '권법 보다도 곤법(棍法=봉술(棒術))쪽이 유명했었다' 라고 전해지고 있다. 즉 그것은, 명대(明代)의 병서(兵書)『무비지(武備誌)』는 '모든 예(芸)는 곤(棍)을 시초로 하며, 곤(棍)은 소림을 시작하게 한다' 와 머릿말에『소림권법단종(小林拳法闡宗)』을 수십 장의 그림과 함께 수록하고 있다. 이에서 소림사를 대표하는 무술은, 봉술(棒術)이었음을 알 수 있다. 마침 그것은 무기의 사용 금지에 의해 보급되어졌다는 전설이 있는데, 복건 소림사가 청국(清國)의 병사들에게 불태워져, 소림사의 중들이 쫓기면서 곤(棍)을 사용하는 것이 금지되었기 때문에, 곤(棍)을 사용하지 않는 무기가 보급되었다고 볼 수 있다.

(3) 내가권법(内家拳法)과 외가권법(外家拳法)

중국 권법을 그 기술적 성질에 따라 분류하면, 그 대표는 외가권(外家拳)과 내가권(内家拳)의 두가지 계통으로 대별(大別) 된다.

그러나, 그 설의 해석도 여러 가지 있고 정설은 없다. 예를 들면 외가(外家)는, 외공(外功) 단련 즉, '외형적인 힘'을 중시하고 있고, 내가(内家)는, 내공 단련인 '기(気)'를 중히 여긴다. 따라서, 내가권(内家拳)은 힘이 숨겨져 있는 권법이며, 외가권(外家拳)은 힘이 밖으로 나타나 있는 권법이라고 일컬어지고 있다.

내가권(内家拳)과 외가권(外家拳)을 구별한 옛 기록은, 명(明)나라 말기에 황리주(黃梨州)(1610~1694)라고 하는 청국(清國) 조정의 학자가, 자식의 권법 스승이었던 왕정남(王征南)이 죽었을 때, 그 비석에 기록한『왕정남 묘비명』이 유명하다, 거기에는 '내가권은 정(静 : 柔)를 지니고, 동(動 : 剛)을 제압한다. 고로 소림 외가권과는 구별된다'라고 되어 있어, 이때부터 구별되어지게 되었다고 한다.

또, 다음으로 외가권(外家拳)과 내가권(内家拳)과를 구별하는 이유는, 외가권(外家拳)의 외가(外家)란, 선종 불가의 출가(出家 : 중이 되는 것)를 나타내는 것이며, 내가권(内家拳)에서 말하는 내가(内家)란 재가(在家 : 중이 되지 않음)를 나타내는 것이라는 설(説)이 있다. 내가권의 하나인 태극권은, 그 시조를 무당산(武当山)의 도교의 선인이었던 사람에 의하면, 이것을 무당파 권법(武当派 拳法)이라고도 부르고 있다.

외가권(外家拳) 을 외공권(外功拳) 이라고도 부르는 이유는, 중국에서는 신체의 외면에 나타나 있는, 피부, 근육, 골격을 단련하는 것을 외공(外功)이라고 하고 있기 때문이다. 그 반대로 내가권(內家拳) 이 내공권(內功拳) 이라고 불리우는 이유는, 신체의 내면인 내장의 여러 기관을 단련하는 방법을 내공(內功) 이라 하여 구별하고 있기 때문이다. 외가권(外家拳) 은 근육, 골격의 외공(外功) 단련을 위하여, 움직임이 빠르고 활발한 동작을 하기 때문에, 그 공격의 방향이나 위력을 판단할 수 있다.

한편 내가권(內家拳) 은, 기혈(氣血) 의 흐름을 원만하게 하기 위하여 내장을 강화시키고, 신체의 노화 현상을 막기 때문에, 그 움직임을 부드럽게 천천히 실시하여, 노인이라도 여성이라도 단련할 수 있는 내공법(內功法) 이라고 되어 있다. 중국에서 내공법(內功法) 이라고 하는 것은 도인법(導引法) 을 말한다. 도인(導引) 이란, '기혈(氣血) 을 끌어내어 그 흐름을 원활하게 한다' 라고 하는 의미이며, 내가권(內家拳) 은 무술과 도인법(導引法) 을 혼합시키는 것이 큰 특색이다. 내공법(內功法) 에 대해서는 외가권(外家拳) 에서도『역근경(易筋経)』『세수경(洗髓経)』을 근거로, 소림계 외가권(外家拳) 에는 소림권 창시 당시부터 내공법(內功法) 이 있었다고 반론 (反論) 되고 있다. 그러나, 전술(前術) 했듯이 중국 권법 연구가 당호(唐豪) 씨는『역근경(易筋経)』『세수경(洗髓経)』의 두 권은, 청국(淸國) 시대에 성문화(成文化) 되어진 것이라고 판단된 연구를 몇 가지인가 발표하여, 이것을 부정하고 있다.

(4) 내가(內家) 권법의 특징

전술(前述) 한 것과 같이, 중국 권법을 대별(大別) 하면, 외가 권법(外家 拳法) 과 내가 권법(內家 拳法) 으로 나눌 수가 있다. 외가권(外家拳) 은 강권(剛拳), 경권(硬拳) 이라고도 일컬어지며, 움직임은 직선적으로 격렬하게 주로 골격이나 근육 등, 외면적(外面的) 인 것을 단련한다. 이것에 대하여 내가권(內家拳)은 유권(柔拳) 이라고도 일컬어지며, 내장이나 감각, 정신 등 내면적인 것을 단련한다.

내가 권법(內家 拳法) 이라고 하는 명칭은, 청국(淸國) 시대가 된 후 이제까지의 명국(明國) 시대의 무술과 구별하기 위하여 총칭한 권법이다. 이 내가(內家) 권법에 속하는 것으로, 태극권(太極拳), 형의권(形意拳), 팔괘권(八卦拳), 금장권(綿掌拳), 태조장권(太祖長拳), 비종권(秘宗拳) 등이 있다. 내가권(内家拳)에 들어가지 않는 권법(拳法)은, 달마 대사를 시조로 하는 소림사의 승이 보급했다고 일컬어지는 권법이다. 이것을 외가권(外家拳)이라고 칭하며, 소림 나한권(羅漢拳), 소림 금강권(金剛拳), 소림 당랑권(螳螂拳) 등과 같이, 머리에 '소림'이라는 두 자를 갖고 있다.

이 책(本書)에서 취급할 태극권(太極拳), 형의권(形意拳), 팔괘장(八卦掌)은 내가(内家) 권법을 대표하며, 소림권은 외가권(外家拳)을 대표한다. 그 움직임은 상대적인 것이다. 또, '문(門)'이라고 하는 것이 있는데, 중국에서는 일본의 무도(武道)와 같이 유생신음류(柳生新陰流), 소야파일도류(小野派一刀流) 와 같은 유파명이 아닌, 거기에 상당하는 단어로써 '문(門)'이라는 호칭이 쓰이고 있다. 그 때문에, 내가(内家) 권법을 대표하는 태극권(太極拳),형의권(形意拳), 팔괘권(八卦拳)을 내가(内家) 권법의 삼대문(三大門)이라고 부르며, 내가권(内家拳)은 태극권(太極拳)에서 시작된다고 일컬어지고 있다.

태극권(太極拳)의 창시자이지만, 태극권의 개조라고 일컬어지는 장삼봉(張三丰)이 무당산(武当山)에서 수업하여 태극권을 터득했다고 하는 전설에서부터, 태극권을 별명(別名) 무당권(武当拳)이라고 부르는 경우도 있다. 또, 내가(内家) 삼대문(三大門)인 형의(形意), 팔괘(八卦)와 함께 태극권과 일치하는 것이 많기 때문에, 이 삼권(三拳)을 무당파(武当派) 삼권(三拳)이라고도 부르고 있다.

무당파(武当派)의 시조라고 전해지고 있는 장삼봉(張三丰)은『명사(明史)』에 나오는 선인으로, 그 책에는, '장삼봉(張三丰)은 용모 담대하여 몇 일간 아무것도 먹지 않아도, 걸으면, 하루 천리나 태연하게 걸었다'라고 기록되어 있다. 태극권의 창시자 장삼봉(張三丰)은, 소림권의 창시자라고 전해지고 있는 달마(達磨) 대사와 마찬가지로, 어디까지나 전설 상의 내가(内家)·외가(外家) 권법의 창시자 라는 것은, 여러가지 자료에 의해 거의 틀림이 없다.

현재, 중국에서 체육 무술로써 성행하고 있는, 내가권(内家拳) 삼대문(三大門)의 하나인 태극권법의 고류(古流)는 도교의 사상과 도인(導引)·토납(吐納)을 합친 불로 장수법으로써, 양노선(楊露禅)이 청국(清國) 귀족들에서 가르쳤던 것이다. 명(明)나라 시대는 문를 우선으로 하고 무를 야만시하는 풍습이 있었으나, 한편, 청(清) 나라 시대에는 명나라 시대의 무술인 외가권(外家拳)을 부정하고, 불로 장수법인 태극권을 내가권(内家拳)이라고 부르게 되었다. 태극권은 그 후, 몇 개인가의 문파가 생겨나게 되었다.

태극권은 중국 무술의 고류(古流)이며, 느린 움직임과 도교의 사상으로 이론지워진 것이기 때문에, 당시의 귀족들이 다투어 습득했던 신 유행의 무기(武技)였다. 명나라를 쓰러뜨리고 청나라 시대를 건설하려는 기풍과 잘 매치된 것으로써 붐을 불러 일으킨 것이, 이 양노선의 태극권법이었다. 그것은 우주의 천지 자연을 이해하는, 고원한 이상을 체계화한 불로 장수의 단련법이 그대로 무기 연습이 되는 것으로, 정신 수양과 건강법에 중점을 둔 점이, 일반에게 유행되어진 이유일 것이다. 그러나, 태극권의 단련이 진전함에 따라 노인이나 여자에게는 적합하지만, 혈기 왕성한 젊은 사람들에게는 만족을 줄 수 없게 되었다.

형의권법(形意拳法)이 내가권으로써 세상에 퍼지게 된 것은 이와 같은 정세에 그 원인이 있다. 그것은 격투 무기법(武技法)으로써, 젊은 귀족들에게도 충분히 만족을 줄 것이 필요했던 것이다. 명나라 시대의 기법에는 없는, 더욱 강력한 무기(武技)로써 선택되어진 것이 형의권이며, 말하자면 태극권의 무기의 입문 과정을 졸업한 사람에게 적합한 것으로써 선정되어진 것이다.

형의권은, 악비(岳飛)가 창시한 것이라고 일컬어지고 있다. 그가 형의권을 창시한 것을 전하는 일화로는, 마침 양노선이 태극권을 배울 때, 진장흥(陳長興)의 하인으로써 일하면서 입문한 경우도 같은 이야기가 전해지고 있다 (태극권의 역사의 항 참조). 형의권의 조형(組形)은 내가권의 방법이 굳어진 다음 형성되어진 것으로, 진가(陳家) 태극권 보다 오래되었다는 것을 뒷바침하는 자료는 발견되지 않고 있다.

팔괘장(八卦掌)이 천하에 널리 알려지게 된 것은, 동해천(董海川)이 숙왕부(肅王府) 무술지남(武術指南)이 된 후이다. 팔괘장도 내가권으로써 규정되어진 이전의 원류(源流)는 있지만, 음양팔반장(陰陽八盤掌), 팔반장(八盤掌) 등은 그 후 쇠퇴하고, 유실되어 버렸던 것이다.

동해천(董海川)은, 소림사에서 승이 되어, 소림사 중 중에서도 권법의 달인(達人)으로써 이름이 높았다. 사정이 있어 동해천은 소림사에서 운수(雲水)가 되어 각지를 돌아다니다가 북경에 왔을 때, 청(淸)나라 귀족이 중국 각지의 무기를 모으고 있다는 것을 들었다. 거기에서 동해천은, 숙왕부(肅王府)에 무술 지남역(指南役)으로써 취직했던 것이다. 그 때, 하북성 창주에 유덕관(劉德寬)이라고 하는 사람이 있었는데, 청조(淸朝) 근위병에 무술 지도를 하고 있던 창술(槍術)의 달인(達人)이었다. 유덕관은 긴 창이 특기로, 일찌기 시합에서 진 일이 없었다. 동해천이 팔괘장의 기(技)를 숨기고 공개하지 않았기 때문에, 팔괘장의 기(技)란 무엇인지, 황제나 중신 사이의 화제가 되고 있었다. 이에, 근위병의 무술 지도를 하고 있던 유덕관과 시합을 겨루게 하였다. 유덕관은 자신만만하게 큰 창을 들고 동해천의 집을 방문하여 정원에서 서로 만나게 되었다. 동해천은 단창(短槍)을 옆구리에 끼고 조용히 섰고, 유덕관은 긴 창을 상단에 준비했다. '에잇!' 기합을 넣은 순간, 유덕관은 날아들듯이 긴 창을 한번 휘둘렀다. 그 순간, 동해천의 짧은 창이 휘돌면서 대창(大滄)에 스쳤다고 생각된 때에는, 유덕관이 쥐고 있던 손이 힘없이 저리더니 큰 창을 떨어뜨리고 말았으며, 이것을 계기로 동해천 밑에는 청국(淸國)의 귀족들이 줄을 이어 입문하려고 몰려 들었다. 또 시합을 하여 패한 유덕관은, 창술(滄術) 외에 육합권(六合拳) 등을 습득하여 동해천의 제자가 되어, 팔괘장(八卦掌)을 배웠다고 전해진다.

이와 같이, 내가권은 태극권법에서 시작하여, 형의권의 기법을 습득하고, 거기에 형의권을 배운 사람은 팔괘권을 마스터하는 것에 의해, 내가권의 전용을 알게 된다고 하는, 일종의 패턴이 있는 것이다.

형의권, 및 팔괘장은 태극권을 수련한 사람이 배우는 기법이다. 태극, 형의, 팔괘의 3단 이론법의 근거에 일관하여 구성되어 있음을 알 수 있다.

또, 내가(內家) 권법의 특색을 들면 다음과 같이 규정된다.

1. 내가(內家) 권법은 검법(劍法), 도법(刀法), 곤법(棍法)의 기본기가 되는 것.
2. 내가(內家) 권법의 기법이 검(劍), 도(刀), 곤(棍)에 공통된 동일 기법이 있는 것.
3. 도교 사상인 불로 장수법의 체육이, 기법의 근거가 되어 있다.
4. 기법이 역학의 이론으로 편성되어 있다.
5. 원칙으로는, 내가권은 시합이 없는 무기(武技)이다.

(5) 내가(內家) 권법과 의료 효과

중국 권법에는, 내공법을 목적으로 하는 내가 권법과 외공법(外功法)을 주목적으로 하는 외가 권법의 2대(二大) 조류로 나뉘고 있다는 것을 앞에서 서술했다.

외가권(外家拳)이 주목적으로 하는 외공법이란, 신체의 외면인 피부, 근육, 골격을 단련하는 것이다. 따라서 구미의 경기 스포츠에 있어서 체육적인 효과는 중국에서 말하는 외공 단련 방법에 해당하는 것이다.

또 하나의 조류인 내가(內家) 권법은, 내공법(內功法)이며, 내장의 여러 기관을 단련할 수 있는 공법이다. '공(功)' 이란 힘이 아닌 '기력(氣力)' 을 양성하는 것으로, 옛부터 있던 도인(導引 : 의료 체조)과 토납(吐納 : 호흡법)을 무기법(武技法)으로 연결시킨 것이다.

도인(導引)이란 고전에 의하면, '기혈(氣血)의 흐름을 원활하게 하는 것'으로,

이 책(本書)에 수록한 내가(内家) 삼대문(三大門)인 태극권, 형의권, 팔괘장은 고전에 있는 도인(導引), 토납(吐納)의 두 가지 의료 체조를 그대로 기본 연습 방법으로써 도입하고 있다. 그리고 그것이 내가(内家) 권법의 특징이다.

도인(導引), 토납(吐納), 고전 기술과의 3위 일체를 요하는 것으로써 '기공(氣功)' 이라고 하는 단어가 있다. 기공이란, 기(氣)의 습득을 말하며, 기를 단련하는 과정으로써 좌선(坐禅), 입선(立禅)이 있다. 그리고, 도인(導引), 토납(吐納), 무기(武技)의 삼위 일체의 행동 기법을 입선, 좌선과 같은 의미의 별칭(別称)으로 행동선(行動禅)이라고 부르고 있다. 행동선이라고 불리우고 있는 내가(内家) 권법의 초전(初伝) 기법에 해당하는 태극권은, 또 의료 체조로써도 이름이 높다. 특히 이 책(本書)에 수록하고 있는, 중화 인민 공화국이 지정한 '간화 태극권(簡化 太極拳)' 은 보건 체육으로써, 다음과 같은 효과가 있다고 한다.

☆ 순환 호흡기 계통에 효과가 있다.

태극권에서는, 호흡과 움직임이 일치하기 때문에 전신 운동을 동반하는 복식 호흡에 의해 혈액 중에 포함되어 있는 노폐물을 체외로 배출시킨다. 그 때문에, 고혈압이나 동맥 경화증 등의 노화 현상을 예방할 수 있다고 일컬어진다.

☆ 소화기 등과 관계가 있는 자율 신경에 효과가 있다.

태극권법은 부드럽고 느리게 전체 운동을 하기 때문에, 단순한 동작의 연속이라고 보기 쉬우나, 전체가 호흡 운동과 일치한 동작으로 되어 있다. 등뼈, 근육, 운동 신경과 각각 밸런스를 유지, 조화를 이루고 있으며, 따라서 자율 신경이 릴렉스된 신체에 협조하여 정신 안정의 작용을 한다. 자율 신경의 안정은 소화기계의 흡수력이나 소화 작용을 활발하게 하고, 만성 위장 질환이나 운동 부족에서 오는 만성 변비, 위하수 등의 해소에 효과가 있다.

☆ 환자도 가능한 의료 체조

중국에서는, 절대 안정을 명령받은 중환자 이외의 환자의 보건 요법으로써, 또는 공장 등의 직장 체조로, 우리 나라의 라디오 체조의 보급과 같은 정도로 일반화되어 실시되고 있다.

이상과 같이 현재에는, 태권 권법은 '간화 태극권'의 보급에 의해, 무술로써의 중국 권법 보다 의료 체조로써의 효과에 중점이 놓여지고 있다. 그러나 태극권법만이 건강 요법으로써 생각되고 있는 것은 아니다. 내가권 그 자체에 의료 효과가 있다는 것은 이미 지적한 그대로이다. 그리고 또, 중국 고래(古来)부터 있는 동양 의학의 원리에 근거를 두고, 내가 권법은 자세나 그 동작과 단련법에 붙어, 각종의 구전(口伝)이 남아 있다.

이들 구전(口伝) 중에서, 양노선(楊露禅)의 손(孫)에 해당하는 양등포(楊登甫)(1883~1936)는, 10개 조에 걸친 기본 요령을 남기고 있다. 양등포는 의료 보건으로써 태극권을 정의한 사람으로, 우리의 정좌법(静座法) 이나 단전법(丹田法) 등에도 통하는 것을 규정해 놓고 있어 여기에 소개하기로 한다.

(1) 목을 펴고, 머리의 정점에서 기(氣)를 내는 것.

목의 힘을 빼고 목을 위로 펴면, 등뼈가 똑바로 되며, 기혈(氣血) 이 통과하기 쉬워진다.

(2) 가슴의 힘을 빼고 등을 빼고, 편 목과 맞추는 것

상체의 힘을 빼고, 양어깨를 내리면, 가슴이 자연스럽게 오목해진다, 그 상태를 외형에서 보면 등 가운데가 구부려진듯이 보인다.

(3) 허리를 부드럽게 하는 것

허리는 내장을 싣고 있으며, 허리는 상지(上肢) · 하지(下肢) 의 중요한 부분이므로 부드럽게 해 두어야 한다.

(4) 미저골(尾骶骨) 과 등뼈를 바르게 한다

기혈(氣血) 을 바르게 흐르게 하기 위하여, 등뼈를 똑바로 하여 미저골(尾骶骨) 과 허리를 바르게 유지한다.

(5) 어깨와 팔꿈치는 긴장하지 말고 내릴 것

어깨나 팔꿈치를 자연스럽게 내리면, 소화기의 자율 신경이 릴렉스 된다.

(6) 힘을 사용하지 말고 의(意)를 사용한다

근육의 힘을 사용하지 말고, 기력(意 = 심(心)) 을 사용한다.

(7) 하지(下肢), 상지(上肢) 의 조화를 기한다

양손, 양발이 허리를 중심으로 자연적인 조화를 이루도록 움직인다.

(8) 외(外)와 내(内)를 일치시킬 것

내(内)란 기공을 말한다. 외(外)란 피부, 근육, 뼈. 즉,외와 내의 움직임이 맞는 것, 심(心), 기(氣), 력(力) 의 일치.

(9) 기(技)는 연속하여 끊이지 않을 것

기(技)는 멈추는 일 없이 연속하며, 그 사이 호흡조차도 흐트러뜨려서는 안된다.

(10) 동(動) 중에 정(静) 을 추구한다

어디까지나 근육에 의한 힘을 사용하지 말고, 심의 의(意) 를 사용하여 연속하는 기(技) 의 동작 중에 정(静) 을 추구하고, 정(静) 의 움직임 속에 발동(發動) 의 동작을 구한다. 이것은 언제 어느 변화에나 대응할 수 있는 태세를 이르는 것이다. 역학에서 말하자면, '음(陰) 중에 양(陽) 이 있고, 양(陽) 중에 음(陰) 이 있다' 라는 말과 의미가 같은 것이다.

▲ 중국 각지의 길가나 직장에서 성행하고 있다. '간화 태극권' 의 연습 풍경

2. 내가권(内家拳) 삼대문(三大門)에 관하여

(1) 태극권의 역사

태극권에 있어서 태극의 문자의 유래는 도교에서 말하는 태극 사상에 근거를 두고 있다. 태극 사상이라고 하는 것은 중국의 역학의 원리에 따라 구성되며. 역(易)에는, '일(日), 월(月), 성(星), 풍(風), 뇌(雷)' 등의 천문학 상의 변화에 의해, 지상의 여러가지의 현상이 변화한다고 하는 자연 운행의 일정의 법칙이 있다. 그리고 '바다(海), 산, 늪, 하천, 새, 짐승, 풀, 나무'등, 모든 물질이 이 변화와 변동을 받고 있다고 생각하고 있다. 도교의 음양 오행설(陰陽五行說)에서는, '모든 무극(無極)의 상태에 있는 우주 속에서, 음양(陰陽)의 두 가지 천지가 이 세상에 창립되었다. 그 천지에 5행(金, 水, 木, 火, 土)의 5기(五氣)가 대자연을 유지하는 순행법(順行法)으로써 서로 관계를 맺고 있어, 삼라만상(森羅万象)의 탄생을 이룬다'라고 되어 있다.

이 도교의 태극 사상에 근거를 두고 조직되어 있는 것이 태극 권법이다. 태극권은 도교의 음양오행설로 체계화 되어 있는 것이기 때문에, 태극권의 창시자는 도교의 도사(道士)였던 장삼봉(張三丰)이 창시했다고 하는 전설이 있는 것이다.

현재, 가장 많이 실시되고 있는 태극권의 원류가 되는 것은, 양가(揚家) 태극권과 진가(陳家) 태극권의 2가지 큰 조류가 있으며, 양가(揚家) 태극권의 초조(初祖)는 양노선(揚露禅1799～1872)이다. 당시, 진가구(陳家溝 : 진 일가가 살고 있던 하남성의 지명)에는, 진가 일족의 진왕정(陳王庭 : 진가 제9세)이 창시했다고 전해지는 태극권을 대대로 전승하고 있었다. 그 태극권을 양노선은 진가 제 14세였던 진장흥(陳長興 1771～1853)에게 배웠다. 양노선이 진가 태극권을 배우게 된 데는 다음과 같은 에피소드가 전해지고 있다. 진가(陳家) 태극권을 배우던 그 당시 진가(陳家)는 태극권을 진(陳) 일족(一族) 이외의 사람에게는 전해서는 안된다는 가훈이 있었다. 양노선은 어떻게 하면 진가 태극권을 배울 수 있을까 하여, 진가의 하인이 되어, 아침마다 진장흥이 정원에 나가 권법의 단련을 하고 있는 것을 몰래 훔쳐 보았다. 그리고 밤이 되면, 보았던 것을 흉내내어 혼자서 몰래 수련에 전념했다. 어느 날, 훔쳐 보는 것을 발각당했다. 그러나, 긴장홍은 양노선의 권법을 습득하기 위한 정열을 듣고, 연습 중인 여러 형제들과 겨루도록 했으나, 그에게 당할 사람이 없었다. 진장홍은 양노선의 천부적 재질과 기량을 알고는, 정식으로 입문을 허락했다고 한다.

진가(陳家) 태극권을 배운 양노선은, 고향인 하북성 광평부 영년현으로 돌아와 태극권을 널리 폈다. 양노선의 권법은 어디까지나 부드러운, 마치 비단과 같이 부드럽다는 의미에서 금권(綿拳)이라고도, 유권(柔拳)이라고도 부르고 있다. 양가 태극권은 진가 태극권을 개량한 권법의 뜻도 있고, 양가 태극권으로써 북경을 중심으로 하북 일대에 널리 퍼졌다.

1956년에 중화 인민 공화국 체육 운동 위원회가 편성한 태극검 및 간화 태극권은, 이 양가 금권을 기초로 하여 재편성된 것이다.

이 양가 태극권에 대하여, 하남성의 진가 태극권은 양노선이 권법을 배운, 말하자면 양가 태극권의 산실 문파에 해당하기 때문에, 태극권의 원류 문파라는 설(説)도 있다. 그러나, 태극권은 양노선이 청(清)조의 황족에게 교수하여 일반적으로 대 유행된 것이다. 양가 태극권이 청(清) 나라 귀족이 다투어 수련한 비오(秘奥) 무기(武技)로써 선전되었기 때문에, 양노선이 입문한 진가구의 태극권이 알려지게 된 것, 거기에 양가 태극권은, 중국에서 청대(清代)에서 현재에 이르기까지 가장 많이 사람들에게 퍼져 있다라는 점에서도, 이 책(本書)에서는 오히려 양가 태극권을 그 원류(源流)로 했다. 그 외에 태극권법의 이름을 한층 높인 것으로, 산서성 출신의 왕종악(王宗岳：1736～1795)의 『태극권경(太極拳経)』이란 명저(名著)가 있다. 그 책은 왕종악이야말로 태극권의 창시자가 아니냐 하는 설(説)이 있을 정도로 태극권의 평가를 높인 명저이다. 그러나, 왕종악이 태극권의 실전(実伝)을 전했다고 하는 문파의 존재는 발견할 수가 없다.

또, 진가 태극권의 자료에는, 도교의 선인인 장삼봉(張三丰)의 창시설은 부정되고 있다. 또, 진가 태극권의 별파(別派)인, 무우양(武禹襄·1812～1882)이 창시한 무파 태극권(武派 太極拳)에도 장삼봉(張三丰)의 이름은 나오지 않는다. 이와 같이, 현재 우리들이 알고 있고, 현재 남아 있는 태극권의 시조는

명확하지 않다. 같은 태극권이라도, 진가구에서 진장흥이 일족에게 가르친 진가 태극권을 노가식(老架式)이라고 부르며, 외우기 쉽게 개량한 것을 신가식(新架式)이라 부른다.

(2) 태극권의 특징

중국이 자랑하는 전통 무술 '태극권'은, 중국인의 풍격을 실로 잘 반영한 것이라고 일컬어지고 있다. 태극권법은 그 움직임이 느리면서도 멈춤이란 없다.

태극권은, 유권법(柔拳法) 또는 금권법(綿拳法 : 비단과 같이 부드러움)이라고 불리울 정도로 움직임이 부드럽다. 직선적이며 강직함을 보이는 일본의 '가라떼'와 같이 '에잇!' 하고 기를 쓰는 동작이 없고, 유유하게 이루어진다. 엉거주춤하게 자세를 취하고, 턱을 당기고 등을 똑바로 편다. 어깨를 부드럽고 자연스럽게 한다. 전신의 힘을 빼어 구름을 타고 공중을 나는 선인과 같은 심경으로, 손발을 천천히 돌리면서 전신을 움직인다. 이것이 태극권이다. 종래의 태극권의 기(技)는 88형으로 되어 있었는데, 중국 8억의 민중에게 친숙하게 되어 있는 간화 태극권은 8조 24형으로 정리 통합되어, 현재 중국 전국에 보급되어 있다.

태극권에는, 여러가지 명칭이 붙은 형(形)이 있는데, 처음부터 끝까지 호흡에 맞추어 같은 속도로 운동하고, 결코 멈춤이란 없다. 청대(淸代)의 권법의 명인의 '권(拳)은 긴 강, 큰 바다와 같고, 당당하며 끊임이 없다'라고 말한 것과 같이, 보기에는, 부드러운 춤을 추고 있는 것과 같이 생각된다. 그러나 태극권은, 느긋한 운동처럼 보여도 동작이 호흡과 일치하고 있기 때문에, 조금도 움직임에 무리가 없다. 따라서, 장시간 연습해도 피로하지 않다. 태극권은 무술로써의 형을 습득하는 것과 함께, 기(氣)를 연마하는 것이다. 기(氣)라고 하는 것은, 수련에 의해 인간의 신체에서 흘러 나오는 정신의 힘이라고 말할 수 있는 것으로, 이 체득은 실제로 언어로써는 도저히 정리, 이해할 수 없는 것이다.

근력에 힘을 붙이는 것은 아무리 단련해도 그 힘은 한이 있다. 항상 거대한 생명력이라고 하는 것은, 인간이 갖고 있는 기(氣)를 원천으로 하는, 도교의 사고 방식에서 생긴 태극권에서 보면, 그 수련의 근거가 되는 양기(養氣)가 중요한 것이다. '우주는 무한하다'의 역학의 이론에 의해 태극권을 요약하면 '극이 없다'라고 하는 의미가 된다. 따라서, 태극권에서는 그 형과 운동은 항상 좌우의 원을 그리며, 결코 직선적으로 움직이는 일이 없다. 무극(無極), 즉 극이 없기 때문에, 한쪽 손이 펴질 때, 이미 또 한쪽 손은 같은 속도의 원 운동을 개시하고 있다. 태극의 운동은 순간이라도 단절되는 일이 없다. 이것이 태극권의 특징이다. 그

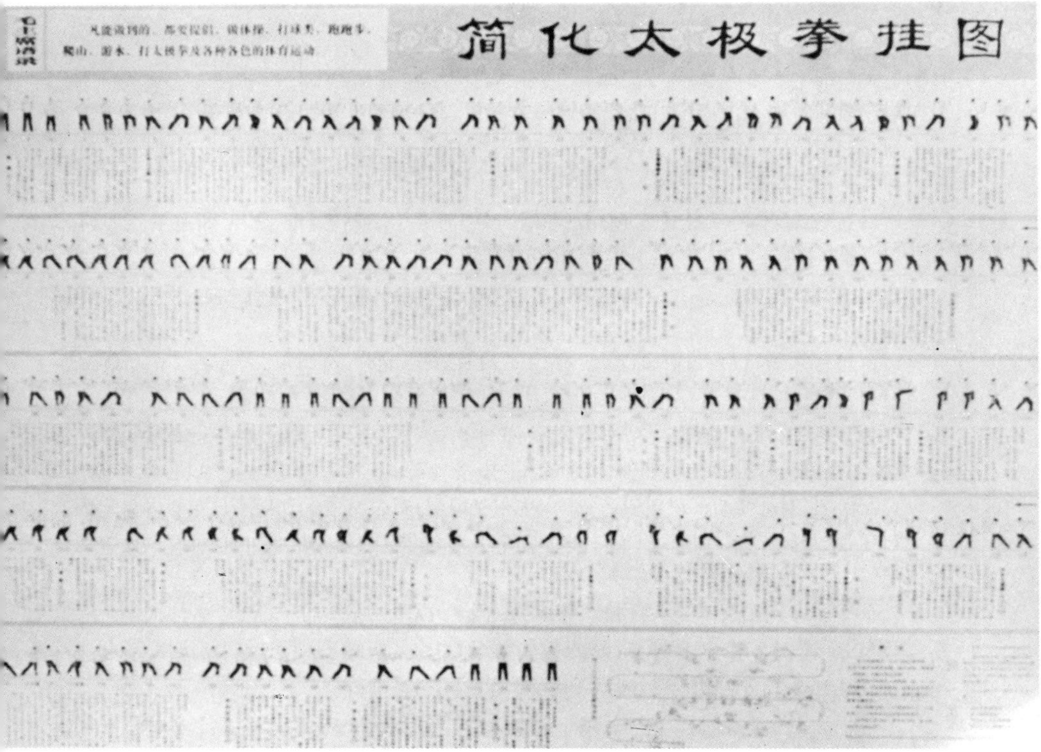

▲ 모택동(毛沢東) 주석의 이론에 대하여 편성된 『간화태극권(簡化太極拳)』

리고 이 책(本書)에서 소개할 태극권은 초보자들에게 배우기 쉽도록, 또 체육 무술로써 신체를 단련하는 목적에서, 중화 인민 공화국에서 편성된 것이다.

이 간화 태극권은 8조 24기(技)의 동작으로 되어 있다.

(3) 형의권(形意拳)의 역사

형의권은 악비(岳飛)의 권이라고도 일컬어지며, 삼국사에도 등장하는 남송(南宋) 초기의 무장, 악비(岳飛) 1103~1141)를 창시자라고 전하고 있는데, 문헌 자료로 확인할 수 있는 것은, 명(明) 말기부터 청(清) 초기(1660년경)에 남서성 포주 사람이었던 희제가(姫際可)부터이다. 희제가가 종남산(終南山)에 있을 때, 이상한 도사(道士)를 만나 그 도사와 함께 도교의 수업을 위하여 산중의 암자에 정좌하기를 수년, 그리고 희제가는, 그 도사로부터 악비의 유법인 권보(拳譜)를 받았다. 회제가는 호를 융풍(隆豊)이라고 하며, 그는 조석으로 권법을 공부하며, 산중에서 정좌하면서, 새, 짐승이 서로 싸우는 모습을 보고 12가지형을 완성했다고 전해지고 있다.

그는 도교의 가르침인 5행(五行)을 하늘의 수 '오행(五行)'으로 하고, 그것이 겉으로 나타나는 것을 가지고 형의권이라고 이름 붙이고, 하늘의 수 '5'가 오행권(五行拳), 다른 수 '6'의 배수 12지(技)를 12가지 형의 권법으로 정했던 것이다.

회제가가 고안한 형의권(形意拳)은, 협서성(陝西省)의 조계식(曹繼式)과 하남성의 마학례(馬学礼)에게 전해졌다. 협서성의 조계식은, 청(清)의 강희 무렵(1690 년경)의 사람으로 협서의 총독에서 퇴관한 후는 고향으로 돌아가 형의권을 전했다. 문하에는, 재용방(載竜邦)이 유명하며, 그는 『심의 권보(心意拳譜)』(1750)의 서문에서, 형의권은 악비의 권보라고 서술하고 있다. 이 재용방의 문하에는, 하남성의 이각능(李洛能)이 나와 형의권은 하북성 일대에 널리 보급되었다.

하북성의 이각능의 문하에는, 많은 고명한 거사가 배출되었지만, 그 중에서도 하북성 심현 서루마장의 곽운심(郭雲深)은 실전의 달인(達人)으로써 가장 고명하며, 형의권을 소개한 문헌에는 반드시 나오는 인물이다.

곽운심은, 북경, 천진을 돌며 중국 각지를 시합을 하며 다녔고, 붕권일기법(崩拳一技法)으로 시합의 상대를 모두 쓰러뜨려 무적의 직격수(直擊手)로써 공포의 대상이 되었다. 어느 날, 곽운심은 시합을 하다가 붕권(崩拳)한 발로 상대를 죽여버렸다. 그 때문에 그는 옥고를 치렀다. 드디어, 3년간의 형기를 치르고 출옥한 곽운심을 기다리고 있었던 것은 권법으로 이름이 높은 그를 쓰러뜨려 이름을 날리고자 하는 수명의 권사(拳士)들이었다. 그의 모습을 발견하자마자 공격을 가해 왔다. 그러나 그는 일순간에 그 권사들을 격퇴해버렸다. 좁은 감옥 속에서의 3년간의 생활 후에도 그의 기(技)는 조금도 쇠약해지지 않았으므로, 곽운심의 명성은 보다 높아졌다고 한다.

하남성의 마학례(馬学礼)는, 회제가의 권법을 배우기 위하여 하인으로 기거하면서, 매일 아침 일찍 일어나 잔일을 하면서, 회제가의 연습을 훔쳐 보면서 수련했다고 한다. 그리고 밤에는 늦게까지 혼자서 낮에 본 형(形)을 독습(独習)하기를 3년, 혼자서 하는 것에 대해 한계를 느끼고, 직접 지도해 줄 것을 부탁했다. 회제가는, 마학례의 노력과 열심히 하는 자세에 감명을 받아 입문을 허락하고 자신의 제자들과 겨루기를 시켜 보았으나 아무도 마학례에게 이기지를 못하였다. 마학례는, 그때부터 회제가에게 배우기를 3년, 그 재능과 열심히 배우는 자세로 노력한 결과, 진전(眞伝)을 허락받아 고향으로 돌아가 수많은 문하를 양성했다. 이것이 형의권(形意拳)의 하남파(河南派)이며, 이름 높은 문하에는 마삼원(馬三元)과 장지성(張志誠)이 있다.

(4) 형의권(形意拳)의 특징

내가권(内家拳)을 대표하는, 태극, 형의, 팔괘의 3대문에 대하여 각각 다음과 같이 말하고 있다. '태극권은 태극 13세(勢)의 권법을 원의 흐름을 갖고 나타내는 것이며, 팔괘장은 형의(形意) 5행 12형의 권법형과 태극 13세를 총합한 응용 변화의 기법을 나타내고 있다. 형의권은 그 태극권과 팔괘장의 중용(中容)이며, 내가권 기법 중에서는 필승권(必勝拳)으로써 내가(内家)의 가장 중요한 존재이다'라고, 이와 같이 형의권이 내가(内家)의 필승권이라 일컬어지는 이유는, 형의(形意) 5행 12형의 권법 기술로 위력있는 권법의 비오(秘奧)가 집대성 되어 있기 때문이다.

형의권 기법의 특색은 전진에 이어지는 전진 권법이라고 하여, 어디까지나 후퇴가 없는 전진 권법이라는 것이다. 그리고 그 기법은 불패(不敗)의 권술(拳術) 자세를 유지할 것이 요구되고 있다. 그만큼 기본기의 자세에도 조건이 많으며, 수득(修得)이 어렵다고 말해지고 있다.

형의 오행권(形意 五行拳)이라는 명칭은 역학의 음양오행설에서 온 것이다. 형의(形意) 오행권(五行拳)에는, 기본형이 5섯 종류가 있으며, 각각 기본형의 명칭을 벽(劈：金), 찬(鑽：水), 붕(崩：木), 포(炮：火), 횡(横：土)에 의해 조직하고 있다. 그리고 역학에서 말하는 '나무에서 불을 낳고, 불은 물을 제압한다' 라고 하는 이론을 기(技)에 맞추어, '붕(崩(木))으로 공격하면 포(炣：火)로 변화하고, 이것을 받아 벽(劈：金)으로 붕(崩：木)을 제압한다' 라고 하는 것과 같이 조형(組形)이 변화하도록 되어 있다. 오행연환권(五行連環拳)은, 이 방법에서 동작이 변화하여 가는 형으로 되어 있다.

전술(前述)했듯이, 십이형(十二形)은 동물의 특성을 나타낸 것으로, 십이형권은 천지의 땅(천은 오행권)을 나타내며, 용형(竜形), 호형(虎形), 원숭이형, 말형, 자라형, 학형, 제비형, 뱀형, 까치형, 매형, 곰형, 닭형의 새짐승의 12종이다.

여기에 소개할 형의권법은, 형의 오행권과 형의 오행 연환권이다. 형의권의 내용으로는 다른 각종의 형이 있는데, 오행권과 오행 연환권은 현재 일반적으로 실시되고 있는 필승권이라고 일컬어지는 기본 기법이다. 이 기본 기법은, 그 움직임

만을 보면 무척 단순하여 위력이 없는 것처럼 보이지만, 조수(組手)를 실시하여 보면 놀라울 정도의 위력을 숨기도 있다는 것을 알 수 있다.

(5) 팔괘장(八卦掌)의 역사

팔괘장(八卦掌)은 '가라떼'와 같이 주먹을 쥐지 않고, 다섯 손가락을 편 채 (개수 : 開手) 기술을 실시하기 때문에 장(掌)이라고 한다.

『무당팔괘학(武当八卦学)』에 '고전에 의하면, 하늘의 관상법(観象法), 땅의 부관법(府観法), 새 짐승들이 서로 싸우는 모습을 그리고 있다. 제물(諸物)을 멀리 취하고, 신체를 가까이 취한다. 이들은 팔괘(역 : 易)에 설명되어져 있는 신명(神明)의 도(道)이다. 만물이 이들의 현상, 사물, 지상(智象), 창상(創象)의 정(情 : 방식)에 의하여 만들어져 있는 것에 닮아, 팔괘의 상(역 : 易)이 되고, 그것에 따라 그 이름이 붙여졌다'라고 기록되고 있다. 일찌기는 음양팔반장(陰陽八盤掌) 또는 전환장(転環掌)이라고도 말했었는데, 현재는 팔괘장(八卦掌), 유신연환장(游身連環掌), 용형팔괘장(竜形八卦掌), 전장팔괘(転掌八卦) 등의 명파(名派)로 나뉘어져 있고, 기술도 또 각각 다르다.

팔괘장이 알려지게 된 것은 동해천(董海川)이 숙왕부(粛王府 : 청국의 황족이 있는 장소)에서, 무술 지남(指南)을 하게 된 후이다 (1790년 경). 전설에 의하면 동해천은 하북성 문안현의 사람으로 떠돌며 수업을 하던 중, 어느날, 강남의 설화산(雪花山)에 고명한 신선 단사(丹士 : 신선의 경지에 이른 사람)가 살고 있다는 것을 듣고 그 곳을 방문했다. 노 단사는 학과 같이 마른 백발의 노인으로, 그 수염은 배꼽 근처까지 뻗어 있었고, 눈빛은 날카롭게 번뜩이고 있었다. 동해천은 보자 마자 이 사람이야말로 진짜 선인이라고 생각하여, 그 즉시 입문을 소망했다고 한다. 동해천은 아침 저녁, 때로는 수목 아래에서, 또는 큰 돌 위에서 묵식(黙識) 단마(瑞摩)하며 산 속에서 마음을 고요하게 하고, 성심껏 수업했다. 그때, 노 단사(丹士)로부터 선사의 진전을 얻을 수 있는 가르침을 받았는데, 일수(一手) 일기법(一技法)의 무술의 심오한 경지였다. 동해천은, 침식을 잊고 반복하여 왕복하기를 10년 동안 게을리 하지 않았다. 단사로 부터 이것을 연구하라고 전해 받은 것이 역학자(易学者)인 『하도각서(河図洛書)』이다. 그 책을 받은 후, 일수(一手) 일기법(一技法)에 있던 여러가지 역(易)의 리(理 : 팔괘)에 의해 하나로 정리하여 팔괘장법(八卦掌法)을 완성했다고 전해지고 있다.

이상이, 팔괘장(八卦掌)의 기원에 관계되는 전설이다. 또 동해천의 문하에서는, 많은 걸출한 문인들이 배출되었는데, 그 중에서도 의화단(義和団)의 난(乱)중에 훈공을 세운 이복(尹福)의 이름을 들 수 있다. 이복은 스승 동해천으로부터 진전(眞伝)을 받아, 문하 제일의 도인으로써 스승의 은퇴 후에 숙왕부(粛王府)의 무술 지남(指南)과 호위를 맡았다고 한다. 이 외에 하북 심주(深州)의 출신 정연화가 있다.

(6) 팔괘장(八卦掌)의 특징

중국 권법이라고 하는것은, 주먹을 쥔 다음 차고, 치기를 실시하는 일본의 공수(가라떼)와 비슷한 것이라고 생각하고 있는 사람도 많으리라 생각한다. 그러나 가라떼와 가장 다른 점은, 팔괘장(八卦掌)의 행동 법칙은 주먹을 사용하지 않고 손바닥을 벌린 채 동작하는 것이며, 그 기법에 팔괘장(八卦掌)의 특징이 있다.

앞에서 서술한 것과 같이 내가권(内家拳)삼대문(三大門)에 관하여, 고전 (古伝)에서는 '태극권에서 원의 흐름과 같은 동작을 기억하고, 형의권에서는 필승법의 요령을 기억하고, 팔괘장에서 권법의 변화와 응용을 안다'라고 되어 있으며, 팔괘장의 기본 기법 중에는, 형의권의 특색이나 태극권의 움직임이 기묘하게 받아 들여져 있다. '태극, 형의, 팔괘에서부터 청(清)시대부터 지금까지의 중국 권법의 흐름을 알 수 있다'라고 일컬어지고 있는데, 그것은 한국류의 사고 방식으로 말하면, 태극권은 입문편이기 때문에 초전(初伝)이며, 중전(中伝)은 형의권, 팔괘장은 오전(奥伝)에 해당하는 것이다.

팔괘장 기법의 제1의 특징은 손바닥을 벌리고 사용하는 것에 있는데, 공(空:唐)수의 손날 치기와 같은 강법적(剛法的)인 사용법이 아닌, 좀 더 복잡하게 손바닥에 대는 것도, 잡는 것도,비트는것도 포함하고 있다. 팔괘장이 손바닥의 문자를 사용하고 있는 것은, 금나(擒拿)의 비방법에 상당하는 기법이 주로 사용되고 있기 때문이다. 고류(古流)의 금나의 수법도 포함하고 있으므로, 팔괘장은 중국 맨손 무술을 총합한 기법 속에 받아들여져 있다고 말할 수 있다. 또 명파(名派)에 의해 기술은 반드시 일정하지는 않지만, 팔괘장의 신체 동작은, 일반적으로 권법 동작과 같이 선(単)에 전신하고 공수의 타격을 반복하는 단순 동작과는 다르다는 것을 알 수 있다.

팔괘장의 동작은, 유연하게 신체를 사용하여 용과 같이 신체를 경쾌하게 비틀거나, 또는 뱀과 같이 움직여 상대의 아래로 들어 가거나, 새와 닮은 움직임으로 그들을 잡거나 한다. 또 반대로 특별한 운동이 있고, 적의 후에 재빨리 돌아들거나 근접하거나, 단번에 많은 사람을 상대하기도 한다.

또 기본 기법은, 역학에 연관되어 8가지 종류로 나뉘어진다. 기본 턴으로써 8가지의 조직을 변화시키는 기법이 생겨났다. 또 그 조직을 바꾸는 것에 의

▲ 팔괘장(八卦掌)의 유연한 동작의 일기법(一技法)의 예(例)

해 64수(手)의 기법이 생기게 된다.

3. 응용무기(応用 武器)

(1) 내가권 응용 무기의 종류

중국 무술에 있어서 각종의 무기에 관해서는 앞에서 서술한 대로이다. 명(明) 나라 시대까지는, 각각의 무기의 기능(움직임, 작용)에 맞추어 독립된 성능을 갖는 것으로써 연구된 무기의 사용법이었다. 그리고 또, 중국에서는 권법을 배우는 것은 무기를 가지고 필수(必修) 하는 것이 당연한 것으로 되어 있는 것이다.

청(清) 나라 시대가 되면 각종의 무기 사용법에 관하여, 새롭게 내가권법에 있어서 응용 무기로써의 재편성이 실시되었다. 내가 권법에서 사용된 무기는, 중국 전통의 각종 무기 중에서, 장병(長兵) 무기인 곤(棍), 창(槍), 단병(短兵) 무기인 칼, 그리고 검을 포함하여 4가지 종류의 무기이다. 그리고 특히 내가 권법에서는, 검과 창 두가지를 최고의 격조 높은 병기로써 치고 있다. 검과 창을 격식이 높게 치는 것은 무장(武将:지휘장)이 말 위에서 사용하는 무기이기 때문이다. 명(明) 나라 시대까지의 각종 무기(창, 검, 칼, 곤(棍) 이외의 병기)는 병졸이 사용하는 무기로 규정되어 내가 권법의 응용 무기에서는 제외 되었다.

(2) 내가권 응용 무기의 특징

내가 권법(태극, 형의, 팔괘)의 기법은 내가 권법 지정의 응용 무기에도 있다. 창법, 검법, 도법, 곤법의 4가지 종류에 대한 무기를 사용할 때에는, 공통 사용이 가능한 기초 기법으로써, 권법의 형(形)이 편성이 되어 있다. 즉, 이 책(本書)에 수록된 내가 권법에 속한 태극 권법, 형의 권법, 팔괘장의 기법은 모두, 검, 칼, 창, 곤의 내가 4대 무기를 사용하는 때의 기본 동작이 된다. 즉, 권법의 동작이 검의 조작이 되며, 도법(刀法)의 조작도 되어 있다. 또 칼과 검의 조작법 뿐만 아니라, 곤(棍)이나 창의 조작법 모두 공통된 동작이 되는데 내가 권법의 특징이기도 하다.

칼과 검과의 기술상의 차이는, 고전(古伝)에서는,'검의 움직임은 나는 새와 같이 가볍고 칼은 호랑이가 달리는 것과 같이' 라고 표현되어 있는 것과 같이, 칼과 검과는 그 구조상의 밸런스에 의한 기술적인 차이가 있지만, 원칙적인 동작은 내가 권법의 권술과 같은 동작으로 되어 있다. 예를 들면 그 실례를 내가 권법의 대표적인 태극 권법에서 취하면, 태극 권법의 권술과 같은 동작(실제로는 조금 다르지만 원칙적으로는 같다)으로, 태극검, 태극도, 태극곤이 있으며, 게다가 그 응용으로써 태극 쌍검, 태극 쌍도로도 변화시킬 수 있는 것이다. 이 태극 권법(검, 칼, 창, 곤)의 기법은, 형의 권법에도 형의 연환(連環)검(劍), 형의 연환창, 형의 연환 곤(棍)의 응용 무기가 있다. 마찬가지로 팔괘장에도 팔괘검, 팔괘도, 팔괘곤, 팔괘창, 팔괘 쌍검, 팔괘 쌍도 등이 있다.

제2장 태극권의 기법

1. 태극권의 8조 24기본형

◉ 중국의 전통 무술 태극권의 특징은 모든 기법이 원형(円形)을 그리며 실시되는 것에 있다. 그리고 태극권은 권법이라고 하는 이미지와는 달리, 그 연무는 금(線 : 비단)과 같이 부드러운 움직임이다. 즉, 태극권은 각종의 기(技)로 나뉘어져 있는데,대하(大河)의 흐름과 같이 연속하여 실시되는 것이며,그 움직임은 느려도 조금의 멈춤도 없다.

◉ 이 책(本書)에 수록된『간화(簡化) 태극권』은 중국 체육 운동 위원회에 의해, 체육 무술로써 신체를 단련하는 목적으로 편성되어 있는 것으로, 8조 24기본형의 기(技)로 구성되어 있다.

1 기세(起勢)

―기(氣)의 흐름을 일으키는 것. 즉 행동을 시작하는 자세라는 뜻―

(1) 양 발의 넓이를 어깨 폭으로 벌리고, 발끝과 얼굴은 똑바로 앞을 향한다(사진 1). 양 팔을 천천히 앞으로 어깨 높이까지 조용히 올린다. 이 때 양 손바닥은 아래를 향하여 있다(사진 2).

(2) 멈추지 말고 계속 상체는 그대로 유지하면서, 양 무릎을 구부리면서 천천히 허리를 아래쪽으로 내린다. 양 팔꿈치를 구부리면서, 양 손바닥으로 무거운 물건을 아래로 누르듯이 아래로 내려간다. 이 때 양 어깨의 힘을 빼고, 양팔은 자연스럽게 늘어뜨리고, 허리를 부드럽게 이완시키고, 무릎을 구부려 신체의 중심

제 1 조 (第一組)

1 (기세)

2

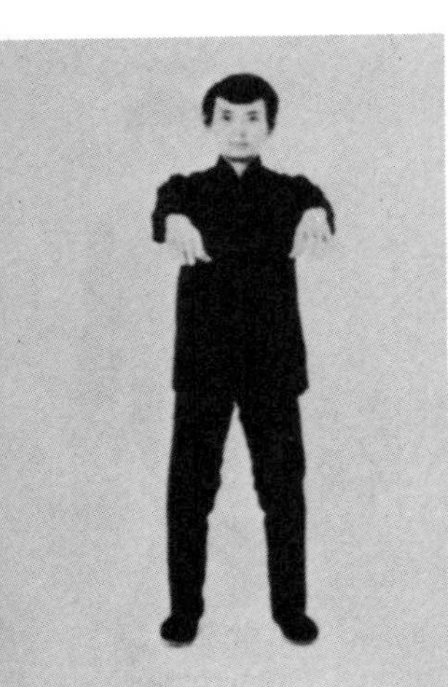

3

4

5

을 양 다리의 중간에 둔다 (사진 3 ~ 4).

〔주의〕아래턱을 당기고, 머리와 목을 내리고, 눈은 똑바로 앞을 본다. 전신의 힘을 빼고, 느긋함을 유지하며, 정신을 집중시킨다.

연결되는 형

사진 5 는 기세(起勢)의 형에서 다음의 야마분종(野馬分鬃)으로의 연결이 되는 것으로, 사진 4 에 이어 오른손은 바깥쪽에서 둥글게 어깨 근처까지 당겨올리고, 동시에 왼손은 손바닥을 윗쪽으로 향하도록 밖에서 둥글게 하복부 근처까지 전진시켜 간다.

6 (좌우 야마분종)

7

8

12

13

14

2 좌우 야마분종(野馬分鬃)

──큰 평원을 말이 자세를 낮추고, 갈기를 바람에 휘날리면서, 오른쪽, 왼쪽으로 달리는 모습이라는 의미이다──

(1) 사진 5에 이어 왼발의 뒤꿈치를 조금 올리고, 천천히 오른발에 가까이 하면서, 그 발의 움직임과 거의 동시에 손의 동작을 시작하여, 오른손을 가슴의 상

9　　10　　11

15　　16　　17 (백학량시)

부의 위치까지 가까이 가져간다. 이 경우, 왼손은 손바닥을 위로 향하고, 오른쪽 손바닥은 아래를 향하여 무거운 공을 껴안듯이 자세를 취한다.

가까이 붙인 왼발은 그 발끝을 왼쪽으로 향하고, 뒤꿈치를 조금 띄우면서 반보 정도 왼쪽으로 내 디딘다 (사진 6～7).

(2) 그대로 상체의 중심을 천천히 왼발에 얹으면서, 왼쪽·오른쪽 손은 각각 왼쪽 손바닥은 위에, 오른쪽 손바닥은 아래를 향하여 오른쪽 대퇴부 근처로 가져간다. 다시 허리의 중심을 오른발 쪽으로 이동시키면서 왼쪽 발끝을 바깥 방향으로 향한다. 이 경우, 오른쪽 발은 '〈 '의 형으로 구부려 중심을 완전히 얹는다. 동시에 상체는 왼쪽 방향으로 천천히 향하도록 변경시키면서, 허리의 중심은 다시 왼발의 방향으로 이동시키고, 오른발의 뒤꿈치를 왼발에 가까이 한다.

18

19

동시에 왼쪽·오른쪽 손을 서로, 손바닥을 뒤집으면서 가슴 앞에서 공 모양을 껴안듯이 한다. 이것은 사진 6의 역형(逆形)이 된다 (사진 8～10).

(3) 끌어 당겨 붙인 오른발은, 오른쪽 앞 방향으로 내 디디면서, 중심을 내디딘 오른발에 이동시킨다. 거의 동시에, 오른손을 윗 방향으로 벌리면서, 손바닥을 비스듬이 윗쪽으로 향하며, 눈의 높이까지 수평이 되도록 (사진 11～12).

(4) 이하 사진 13～16까지는 좌우의 동작을 역형(逆形)으로 반복한다.

〔주의〕눈은 항상 선도하는 손가락 끝을 보도록 한다.

3 백학량시(白鶴亮翔)

—백학이 날아 오를 때의, 날개를 퍼덕이는 동작과 비슷하다는 의미—

● 상체를 왼쪽으로 향하면서, 오른손은 손바닥을 젖히고, 상대되는 왼쪽 손바닥과 공을 안듯이 한다. 오른발을 반보 정도 붙이고, 상체의 중심을 내디딘 오른발로 이동시킨다. 양손을 상하로 바꾸어 넣으면서, 왼발은 땅에 조금 붙인다. 오른손은 조용히 관자놀이 근처에서 멈추고, 왼손은 손바닥을 아래로 향하여 왼쪽 넓적 다리 아래로 내리고, 허리를 깊이 내리고 중심은 오른발에 둔다(사진 17～19).

〔주의〕턱을 당기고 목줄기를 펴고, 눈은 앞쪽을 본다.

제 2 조 (第二組)

20 (루슬요보)

21

22

23

24

4 루슬유보(樓膝拗步)

—— 무릎을 내면서, 상대의 역찌르기 공격을 바꾼다는 의미 ——

(1) 오른손은 앞에서 아래로 내리고, 거기에서 뒤쪽 윗 방향에서 호를 그리면서 올려 간다. 동시에 상체를 오른쪽으로 향하면서, 왼손도 역시 호를 그리면서 오른발 부분의 조금 윗부분까지 가져 간다 (사진 20~22).

25 26 27

31 32 33

(2) 사진 23은 왼손을 바깥쪽에서 크게 천천히 오른쪽 가슴 근처까지 옮기고, 오른손은 귀의 측면에서 천천히 아래로 내린다. 거의 동시에 왼발을 한번 당긴 다음, 왼발은 왼쪽으로 치우쳐 대퇴부에서 호를 그리듯이 내 디딘다. 이 때, 오른발에 있던 중심을 천천히 왼발에 이동시키면서, 상체를 왼쪽으로 향한다 (사진 23~25).

(3) 다시 오른발은 사진 26과 같이 내디딘 왼쪽발에 붙이고, 발끝은 땅에 붙인다. 양손의 동작은, 사진 22의 역(逆)의 형(形)이 된다.

이하 사진 27~33까지는 좌우의 형을 번갈아 반복 실시하면 좋다.

〔**주의**〕눈은 선도(先導)시키는 손가락 끝을 본다.

28

29

30

34 (수휘비파)

35

36

5 수휘비파(手揮琵琶)

——양손으로 비파를 품었다는 의미——

●앞의 동작에 이어, 왼손은 왼쪽 아래에서 천천히 위로 올리고, 엄지 손가락이 눈 높이까지 오도록 가져 간다. 오른손은 왼쪽 팔꿈치의 안쪽에 팔을 구부리면서 배까지 내리고, 동시에 오른발을 왼발의 뒤꿈치 가까이 붙인다. 왼발의 무릎은, 상체의 중심을 얻기 위하여 사진 34와 같이 구부리고, 천천히 다시

37 (좌우 도권굉) 38 39

43 44 45

체중을 오른발에 이동시키면서, 왼발은 반보 내 디뎌 뒷꿈치를 땅에 붙인다 (사진 34~36).

6 좌우도권굉 (左右倒捲肱)

—— 양팔을 거꾸로 감으면서 쓰러뜨린다는 뜻 ——

(1) 오른손은 사진 37과 같이 천천히 옆으로 벌리고, 손바닥을 젖히면서 사진 38~39의 순으로 뒷쪽에서 원을 그리듯이 팔은 펴고, 오른쪽 귀의 측면에 손

40 41 42

46 47 48

바닥을 아래로 향하여 천천히 옮긴다. 왼손은 천천히 손바닥을 위로 한다 (사진 37~39).

(2) 이어서 사진 40과 같이, 왼발을 가볍게 들어 올리고, 왼쪽 뒷쪽으로 반보 정도 물러난다(사진 40~42).

(3) 사진 43~51까지는 좌우의 신체가 반대가 되는 형을 반복한다.

〔**주의**〕편 손의 손가락을 가볍게 구부리고, 움직임은 반드시 원형이 된다. 백할 때는 앞 무릎을 조금 구부려 밸런스를 유지하고, 조용하게 실시한다. 눈은 신체의 움직임에 맞추고, 왼손 또는 오른손을 본다. 돌려서 앞쪽을 본다.

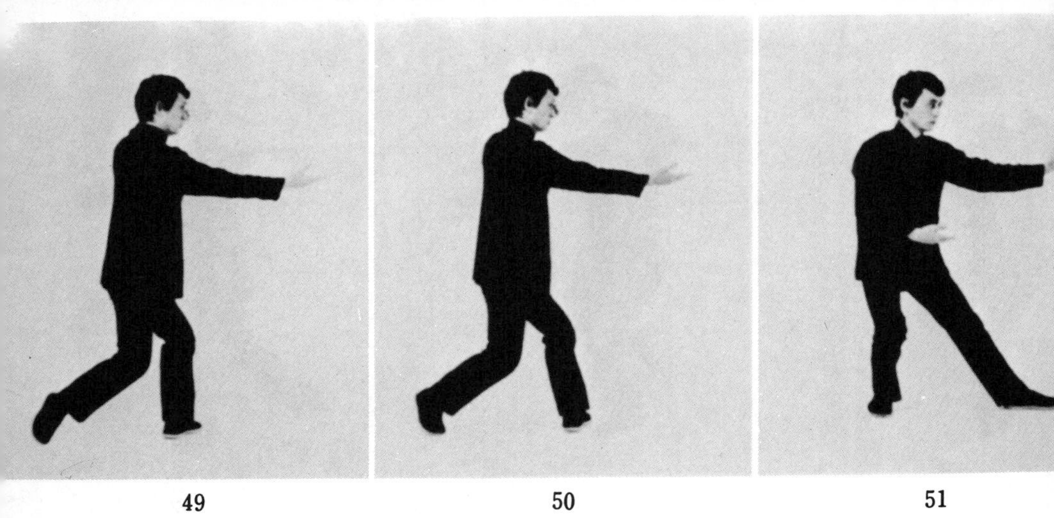

49 50 51

제 3 조 (第三組)

52 (좌람작미)

53

54

55

56

7 좌람작미(左攬雀尾)

——공작의 꼬리가 왼쪽으로 회전한다는 의미——

(1) 상체를 사진 52와 같이 천천히 오른쪽으로 향하고, 양손을 한번 크게 사진과 같이 벌리고, 왼손은 손바닥을 아래로 향하도록 허리 부분까지 젖힌다. 동시에 오른손은 흉부(胸部)와 수평하게 구부리고, 왼쪽·오른쪽 손바닥으로 공을 껴안는 듯한 형(形)이 되도록 한다. 왼발은 한번 오른발에 끌어 당기고, 다시 왼발을 왼쪽으로 대퇴에 천천히 내 디딘다. 오른쪽 발끝은 조금 안쪽으로 향하고,

57 58 59

63 64 65 (우람작미)

중심을 왼쪽으로 이동시키고, 좌우의 팔을 수평하게 겹친다 (사진 52~55).

(2) 왼손을 앞쪽으로 펴도록 하면서, 오른쪽 손바닥은 위로 향하여 젖히고, 왼쪽 손목의 아래 방향까지 조용히 가져간다(사진 56~58).

(3) 이어서 오른손은 배의 앞을 통과하여 호를 그리고, 오른쪽 손바닥을 위로 향하여 어깨 높이까지 올린다. 왼쪽 손바닥은 안쪽으로 향하고, 가슴 앞에 수평하도록 하면서, 허리의 중심은 천천히 오른발에 옮긴다. 이어서 오른손을 되돌리면서, 왼쪽 손목의 앞쪽에 붙이고, 양손을 앞쪽으로 내 찌르고, 허리의 중심을 조금 왼쪽 앞발에 얹는다. 양손을 내 찌를 때, 양손을 어깨 폭으로 벌리고, 양손바닥은 아래로 향한다(사진 59~61).

(4) 상체의 중심을 오른발에 옮기고, 왼발 끝을 세우면서 양손을 윗배 근처까

60 61 62

66 67 68

지 내린다. 양손을 앞쪽 가슴의 높이로 밀어내듯이 내고, 동시에 왼쪽 무릎은 앞으로 구부리면서, 다시 상체의 중심을 왼발로 옮긴다(사진 62~64).

8 우람작미(右攬雀尾)

—— 공작의 꼬리와 같이 허리를 우회전한다는 뜻 ——

(1) 상체를 뒤로 하여 오른쪽으로 회전시키고, 중심을 오른발에 이동한다. 왼발

69 70 71

75 76 77

끝을 안쪽으로 향한다. 오른손은 원을 그리듯이 오른쪽 어깨 위로 올리고, 거기에 원을 그리면서, 허리 부분의 왼쪽 앞으로 되돌린다. 왼손은 가슴 앞에 평행하게 구부리고, 양손으로 볼을 껴안듯이 하고, 동시에 중심을 다시 왼발로 옮긴다. 오른발은 뒤꿈치를 조금 올리고 왼발에 나란히 한다(사진 65～69).

(2) 이하 70～79까지의 동작은 좌람작이(左攬雀尾)와 반대가 될 뿐이며, 완전히 같은 동작의 반복이다. 단 동작을 좌우 반대로 하면 좋다.

72 　　73 　　74

78　　79

제4조 (第四組)

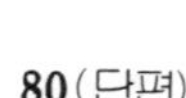

80(단편)

81

85

86

87

9 단편(単鞭)

—가죽 채찍을 크게 흔들어 돌린다는 뜻—

(1) 앞의 동작에 이어, 신체를 오른쪽 방향으로 향하면서, 상체의 중심을 오른발에 서서히 이동시킨다. 오른발 발끝을 당겨 붙이고, 오른손은 가슴 앞을 지나 오른손을 높이고, 호를 그리면서 구수(鉤手) 한다. 왼손은 조금 낮춘다. 왼발은 비스듬히 왼쪽 방각(方角)으로 내디디면서, 왼쪽 무릎을 구부리고 허리의

82　　83(좌운수)　　84

88　　89　　90

중심을 이동한다. 왼팔은 왼쪽 손바닥을 밖으로 돌리면서 앞으로 누르며 낸다(사진 80~82).

10 좌운수(左雲手)

— 양손으로 구름을 좌우로 헤치듯이 움직이는 의미 —

(1) 왼쪽 발끝을 안쪽으로 향하고, 상체를 천천히 오른쪽 방향으로 향하면서, 중심을 오른발로 이동한다. 왼손은 배 앞을, 아래에서 윗 방향으로 호를 그리듯

91(단편)

92

93

이 통과하며, 오른쪽 어깨 앞까지 가져간다. 손바닥은 비스듬히 안쪽으로 향하고, 오른손은 손바닥을 펴고 안쪽으로 향한다 (사진 83~85).

(2) 중심을 천천히 왼발에 옮기고, 오른쪽 아래에서 배 앞을 통과하여 왼쪽 어깨 앞의 방향으로 가져 간다. 이어서 오른발은 왼쪽에 가까이 붙이고, 사진 90과 같이 조금 벌리고 서서, 눈은 좌우의 손가락 끝을 보면서 움직인다 (사진 86~90).

11 단편(単鞭)

—— 가죽 채찍을 크게 흔들어 돌린다는 뜻 ——

● 오른손은 오른쪽으로 옮기고, 얼굴 앞을 통과하여 천천히 펴고, 사진 92와 같이 구수(鉤手) 한다. 왼손은 아래쪽에서 호를 그리듯이, 오른쪽 어깨 앞까지 올린다. 왼발을 조금 당겨 붙인 다음, 왼쪽 비스듬히 내 디디고, 동시에 왼쪽 손바닥을 젖히면서, 왼발을 내 디딘 앞쪽으로 내 민다 (사진 91~94).

94

제 5 조 (第五組)

95 (고탐마)

96

100

101

12 고탐마(高探馬)

——어둠 속에서 뒤져서 안장의 위치를 확인한다는 의미——

● 앞의 사진에 이어, 사진 95와 같이 오른발을 반보 왼발에 가까이 하고, 오른쪽 구수(鉤手)를 평행하게 하여 양 손바닥을 위로 향하도록 바꾼다. 오른쪽 손바닥은 아래로 향하고, 오른쪽 귀 옆을 통과하여 앞으로 밀어 내고, 눈은 오른손 앞쪽을 본다. 동시에 왼손은, 손바닥을 위로 하여 왼쪽 허리 앞으로 돌린다 (사진 95~97).

97

98 (우등각)

99

102

103 (쌍봉관이)

104

13 우등각(右蹬脚)

——오른발을 내 디디고, 적을 차 올린다는 뜻——

(1) 앞의 사진에 이어 왼쪽 손바닥을 왼쪽으로 올리고, 오른손 손목의 위에 한 번 왼쪽·오른쪽 손을 교차시키고, 손바닥을 비스듬히 아래로 향하면서 좌우로 벌린다. 거의 동시에 왼발을 왼쪽 앞쪽으로 조용히 내 디디고, 상체를 천천히 이동시키면서 무릎을 구부리고, 중심을 왼발로 이동시킨다 (사진 98~99).

105

106 (전신좌등각)

107

(2) 오른쪽 뒤꿈치를 끌어 올리고, 오른발을 천천히 올리고, 왼쪽으로 향하여 발끝을 올려 찬다. 동시에 양손을 안쪽으로 향하고 큰 호를 그리듯이 가슴 앞에서 마주한 다음, 왼손은 머리 뒤에서 상체의 밸런스를 잡고, 오른손은 앞쪽으로 내 찌르고, 눈은 앞쪽을 본다 (사진 100～102).

14 쌍봉관이 (双峰貫耳)

—— 양손의 주먹으로 상대의 양 귀를 뚫도록 공격하는 것을 의미 ——

(1) 앞의 사진에 이어 차낸 오른발을 본래로 되돌린다. 동시에 오른손은 얼굴 앞면으로 되돌리고, 아래쪽에 호를 그리듯이 하며 무릎의 양쪽으로 내린다 (사진 103～104).

(2) 다음에 오른발을 오른쪽 앞으로 내리고, 체중을 얹으면서 양 손바닥은 주먹을 만들어 엄지 손가락의 공(孔)을 안쪽으로 향하여, 가상 적의 양쪽 귀 근처를 끼워 넣듯이 친다 (사진 105).

15 전신좌등각 (転身左蹬脚)

—— 몸을 돌려 왼발로 적을 찬다는 의미 ——

108

109

(1) 상체를 왼쪽으로 돌리면서, 중심을 왼발로 이동시키고, 오른발 발끝을 안쪽으로 향하면서, 양쪽 주먹을 벌리고 윗쪽에서 좌우로 벌린다. 다시 체중을 왼발 방향으로 이전시키면서, 안쪽에서 양손은 호를 그리듯이 아래쪽으로 내린다(사진 106～ 107).

(2) 거기에 안쪽에 반원을 그리고, 가슴 앞에서 안아 합치도록 오른손 손목의 위에 왼쪽 손바닥을 겹친다. 거의 동시에, 상체를 왼쪽으로 이동시키면서 왼발을 천천히 올리고 양손을 크게 벌리고 왼쪽 뒤꿈치로 찬다. 동작은 우등각(右蹬脚)과 같으며, 단 좌우가 반대가 될 뿐이다 (사진 108～109).

제 6 조 (第六組)

110 (좌하세독립)

16 좌하세독립(左下勢独立)

—— 왼쪽 아래쪽에서 낮게 신체를 내렸다가 일어선다는 의미 ——

(1) 천천히 상체를 오른쪽 방향으로 돌리고, 오른쪽 손바닥은 구수(鉤手)로 바꾸고, 오른쪽 얼굴의 앞쪽으로 호를 그리면서 가져 간다. 왼쪽 손바닥은 오른쪽 겨드랑이 아래 앞에 둔다 (사진 110).

(2) 왼발은 한번 되돌린 다음 왼쪽 옆으로 편다. 왼손은 왼발의 안쪽을 통과하여 앞으로 낸다. 오른발은 발바닥을 땅에 댄 채, 가능한 한 낮게 허리를 내리고, 상체가 앞으로 구부러지지 않도록 주의한다. 오른쪽 구수(鉤手)는 손바닥을 벌리고, 뒷쪽에서 호를 그리면서 팔을 구부려, 오른쪽 팔꿈치의 위치로 천천히 끌어 올린 오른발과 상대시킨다. 한쪽 발 서기가 된다 (사진 111~114).

111　　112

113　　114　　115 (우하세독립)

〔주의〕 눈은 오른손을 본다. 한쪽 발 서기의 상체는 똑바로 하고, 발끝은 아래로 향한다.

116

117

118

17 우하세독립(右下勢独立)

—— 아래쪽에 신체를 내렸다가 일어선다는 의미 ——

● 상체를 왼쪽으로 천천히 방향을 바꾸면서, 오른발을 왼발의 가까이에 내린다. 왼발 발끝을 조금 안쪽으로 돌린 다음, 상체를 왼쪽으로 돌리고 왼쪽 하세독립(下勢独立)과 좌우가 반대가 되는 동작을 한다(사진 115~118).

제 7 조 (第七組)

119 (좌우천사)

120

121

122

123

18 좌우천사(左右穿梭)

— 베틀 기계가 움직이듯이 좌우로 재빨리 움직이는 것 —

(1) 상체를 왼쪽 방향으로 이동시키면서 왼발을 내리고, 양손은 공을 껴안듯이 한다. 오른발은 발끝을 땅에 닿듯이 당겨 오른쪽 앞으로 내 디디고, 상체를 오른발에 겹친다. 오른손은 위로 올리고, 왼손은 어깨 높이에서 밀어 낸다 (사진 119~121).

124

125 (해저침)

126

129 (섬통비)

130

131

(2) 이어서 상체를 뒷발로 옮기고, 오른발 발끝을 올려 다시 신체의 중심을 오른발에 이동시키면서 왼발을 당긴다. 거의 동시에, 양손은 가슴의 오른쪽 앞에서 공을 안는듯이 자세를 취한다. 상체를 왼쪽으로 향하면서 왼발을 내 디디고, 중심을 왼발에 이동시킨다. 왼손은 위에 오른손은 어깨의 높이에서 앞쪽으로 내민다 (사진 122~124).

127

128

19 해저침(海底針)

—— 깊은 물 속에서 어침(魚針)을 줍는다는 의미 ——

(1) 오른발을 반보 앞으로 내 디디고, 동시에 신체를 천천히 오른쪽 방향으로 바꾼다. 오른쪽 손바닥은 신체의 앞을 통과하여 오른쪽 귀의 옆까지 당겨 올린다음, 앞쪽으로 내린다. 왼손은 윗쪽에서 호를 그리고, 얼굴 앞을 지나 왼쪽 허리 아래까지 당겨 내린다. 왼발은 조금 앞으로 이동시키면서 뒤꿈치를 조금 올린다. 이 경우, 신체를 너무 많이 구부리지 않도록 주의하고, 눈은 앞을 본다 (사진 125~128).

20 섬통비(閃通臂)

—어깨의 깊이에서 팔을 통과시켜 순간적으로 기력을 낸다 —

(1) 왼발을 반보 정도 내 디디고, 양 손바닥은 조금 비스듬히 안쪽으로 향하면서, 오른손은 얼굴 위로 조금 높게 양손으로 원형을 만든다. 왼손은 가슴의 앞에서 앞쪽으로 밀어 내고, 상체의 중심을 왼발에 이동시킨다. 이 경우, 왼손은 코와 같은 정도의 높이로 하고, 눈은 왼손 앞쪽을 본다 (사진 129~131).

제 8 조 (第八組)

132 (전신반란추)

133

137

138

139 (여봉사폐)

21 전신반란추(転身搬攔捶)

—— 신체를 1바퀴 돌려, 적의 공격을 뿌리쳐 차단한다는 의미——

(1) 앞 사진에 이어 상체를 천천히 오른쪽으로 향하고, 오른손은 안쪽으로 호를 그리듯이 배 앞을 통과하여 주먹을 만들고, 안 주먹으로 친다. 동시에 오른발은 발끝을 내려 오른발을 당겨, 다시 대퇴로 내 디딘다 (사진 132～134).

(2) 체중을 오른발로 이동하면서, 오른손 주먹은 허리의 겨드랑이로 되돌리고, 왼발을 비스듬히 앞으로 낸다. 왼손은 왼쪽을 통과하여 앞으로 낸다. 왼발을 궁

134

135

136

140

141

142

형(弓形)으로 구부리고, 동시에 오른쪽 주먹을 다시 내 찌른다. 그 때, 왼손은 오른팔의 안쪽에 붙인다 (사진 135~138).

22 여봉사폐(如封似閉)

—상대를 봉하듯이 막는다는 의미—

(1) 왼손을 오른팔의 아래에 댄 채 오른손의 주먹은 조용히 벌린다. 양 주먹을

143

144 (십자수)

145

149

150

151

한번 위로 향하여 천천히 양손을 아래로 향하면서, 사진 142의 위치로 되돌린다 (사진 139~141).

(2) 동시에 상체를 뒤로 당겨 허리를 내리면서 양 손바닥은 가슴 앞에서 밖으로 향하고, 당긴 것을 되돌리 듯이 한 다음, 눈은 양자 사이에 두고, 양손은 떼어 앞쪽으로 밀어 낸다. 그리고 동시에, 왼발을 구부려 중심을 왼발로 이동한다 (사진 142~143).

〔주의〕 상체를 뒷쪽으로 당길 때는, 젖혀지지 않도록 또 엉덩이를 내밀지 않도록 주의한다.

146

147

148(수세)

23 십자수(十字手)

— 양손을 십자형으로 모아 받는다는 의미 —

(1) 오른발 발끝을 안쪽으로 하고, 오른쪽 방향으로 상체를 향하고, 체중은 오른발로 이동시킨다. 양손은 크게 벌린다. 동시에 다시 왼발에 체중을 이동하면서, 오른발은 어깨 폭의 넓이까지 천천히 되돌리고, 양손은 호를 그리듯이 아래에서 복부를 통과하여 위로 올리고, 가슴 앞에서 십자형으로 껴안는다 (사진 144~147).

〔주의〕 신체는 자연스럽게 하고, 아래 턱을 조금 당긴다. 눈은 똑바로 앞을 본다.

28 수세(收勢)

— 기식(氣息)을 다스린다는 의미 —

(1) 양 손바닥은 안쪽으로 향하고, 왼쪽·오른쪽에서 머리 위를 통과하여 천천히 양 넓적다리 안쪽으로 내린다. 눈은 앞을 본다 (사진 148~151).

〔주의〕 기세(起勢) 때와 마찬가지로, 전신을 느긋하게, 자연스럽게 릴렉스시킨 자세가 되도록 한다.

2. 태극권의 응용 조수(組手)

☆야마분종(野馬分鬃)

(1) 상대(검은 옷)의 중단(中段)의 준비에 대하여 자연체(自然体)가 된다 (사진 1).

(2) 상대의 중단에서의 오른쪽 주먹 찌르기와 동시에 왼발을 1보 전진시키고, 오른손 손등을 아래로 하여 중심선을 내고, 상대의 오른쪽 주먹을 아래로 내린다 (사진2).

(3) 상대의 오른쪽 주먹을 아래로 내리면서 손등을 바꾸어, 상대의 손목을 젖혀 그것을 잡고, 허리를 내리면서 더욱 비스듬하게 뒷쪽으로 당겨 내린다 (사진 3).

3

4

(4) 오른발에 왼발을 당겨 붙이면서 체중을 이동시키고, 왼손은 아래쪽으로 전진시킨다 (사진 4).

(5) 왼발을 다시 비스듬히 앞쪽으로 허리를 넣어 내 밀고, 동시에 왼손을 상대의 겨드랑이의 아래에 끼우고, 손바닥을 밖으로 돌려 윗쪽으로 올린다(사진 5).

(6) 이어서 상대의 팔을 비틀어 올리듯이 하고, 체중을 왼발에 얹고 허리를 돌려 뒷쪽으로 쓰러뜨린다 (사진 6).

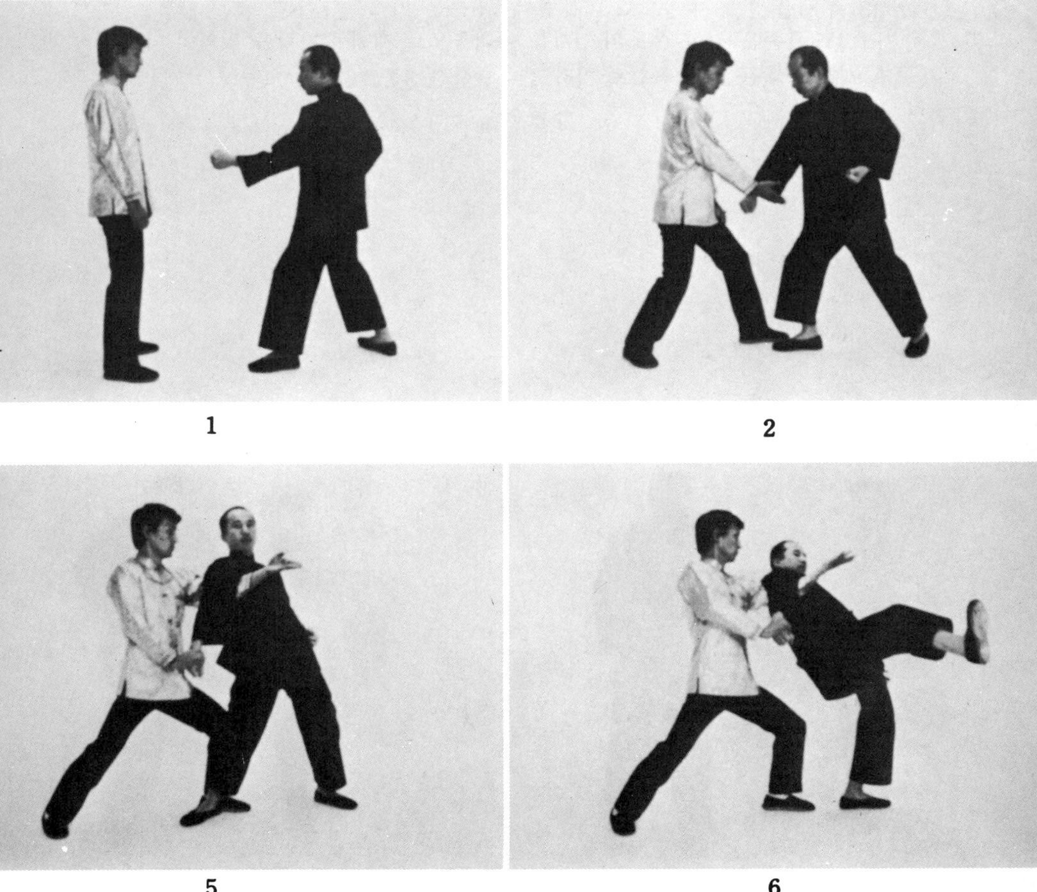

1 2 5 6

☆백학량시(白鶴亮翅)

(1) 상대는 왼손으로 오른손 손목을 잡는다 (사진 1).

(2) 잡힌 오른손을 왼쪽 겨드랑이 옆으로 붙이면서, 동시에 오른발 방향으로 체중을 옮기고 왼발을 1보 내 디디고, 발끝만 땅에 대는 자세를 취한다. 동시에 왼손을 상대의 안쪽 팔 아래쪽에서 꽂아 넣고, 손가락 끝을 위로 하여 상대의 등 줄기를 펴듯이 올린다 (사진 2∼3).

(3) 신체를 왼쪽 방향으로 비틀면서, 왼손은 비스듬히 왼쪽 윗 방향으로 가져가고, 오른손은 잡힌 손목의 엄지를 아래쪽으로 새끼 손가락은 윗쪽이 되도록 하고, 상대의 손목을 왼쪽 위로 가져 간다 (사진 4).

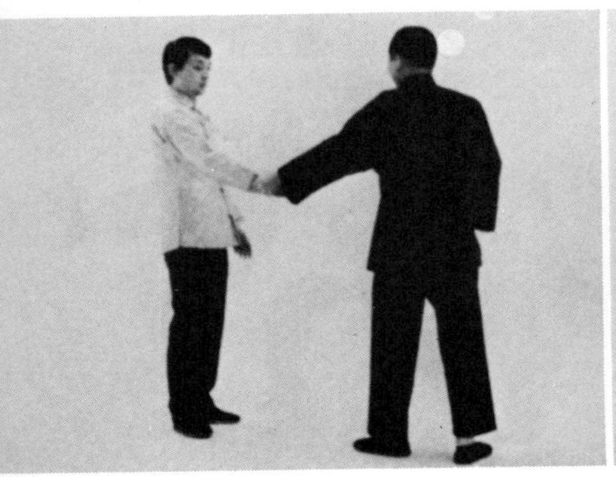

1

2

3

4

☆루슬요보(摟膝拗步)

(1) 상대의 중단(中段) 준비 자세에 대하여 자연체(自然体) 로 선다(사진 1).

(2) 상대는 중단 준비 자세에서 전진하여, 중단 찌르기부터 시작하여 오른발 차기로 공격한다. 상대의 움직임과 동시에, 체중을 오른발에 옮기면서 반신(半身)이 되며, 오른손을 어깨 높이까지 올리고,왼손은 신체의 중심선까지 올린다 (사진 2).

(3) 상대의 차는 발을 내리도록 왼손으로 막아 내리고, 왼발을 비스듬히 앞쪽으로 내 디딘다 (사진 3).

(4) 체중을 내 디딘 발로 이동시키면서, 상대의 윗쪽에서 둥글게 가슴에 대고, 허리를 돌리면서 상대를 쓰러뜨린다 (사진 4～5).

3

1

2

4

5

☆수휘비파(手揮琵琶)

(1) 상대의 중단(中段) 왼쪽 준비 자세에 대하여 자연체(自然体)로 선다 (사진 1).

(2) 전진해 들어오는 상대의 중단 오른쪽 주먹 찌르기의 공격에 대하여, 중심을 조금 왼발에 두면서, 왼발을 내 디딤과 동시에 왼손은 왼쪽 아래에서 위로 올리고, 오른손은 배의 위치에서 비파를 껴안는 듯한 자세를 취하여, 상대의 공격을 받는다. 상대의 오른쪽 주먹을 오른손으로 잡고, 동시에 왼손은 상대의 팔꿈치를 측면에서 잡는다(사진 2).

(3) 허리를 깊이 당기고, 상대의 어깨끝에서 귀까지 막대기를 통과시키는 기분으로 실시한다(사진 3).

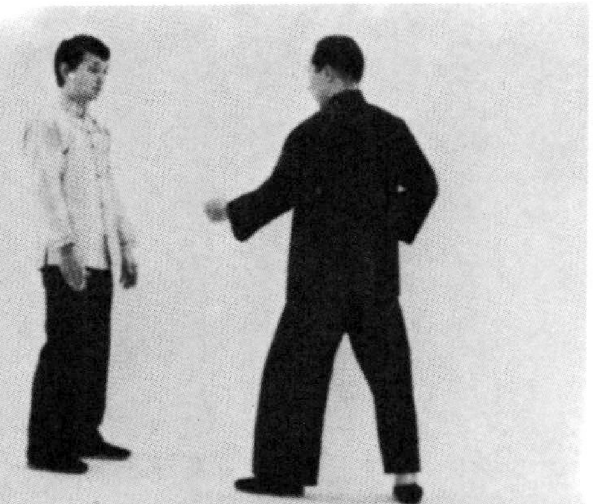
1

2

3

☆도권굉(倒捲肱)

(1) 상대의 중단 준비 자세에 대하여 자연체(自然体)로 선다 (사진 1).

(2) 상대는 전진하여 중단 왼쪽 주먹 찌르기를 공격한다. 그것과 동시에 왼발을 비스듬히 반보 내 디디고, 왼손으로 상대의 왼쪽 주먹 찌르기를 막아 내린다 (사진 2).

(3) 오른발에 체중을 얹고, 왼발로 상대의 다리를 걸면서, 왼손은 아래에서부터 원을 그려 올리고, 상대의 안쪽 측면에 대어 앞쪽으로 쓰러뜨린다.

1

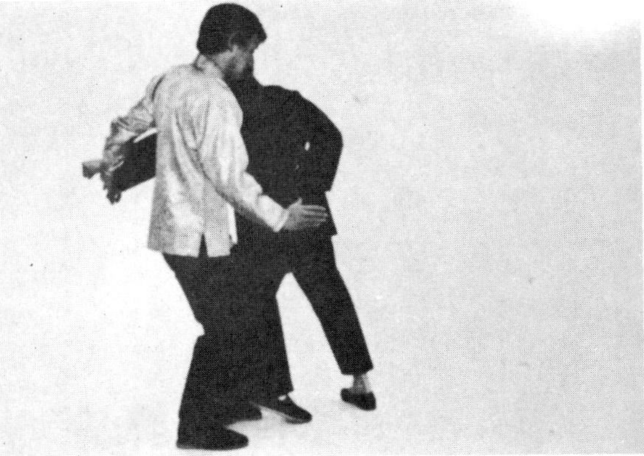

2

3

1

2

4

☆좌람작미(左攬雀尾)

(1) 상대의 중단 준비 자세에 대하여 자연체(自然体)로 선다(사진 1).

(2) 상대는 전진하여 오른손 주먹 중단 찌르기로 공격한다. 그것과 동시에 오른발을 당겨 상대의 중단 찌르기를 양손으로 받아 내린다 (사진 2).

(3) 더욱 오른발에 체중을 이동시키면서, 상대의 주먹을 깊이 아래로 내린다

3

5

6

(사진 3).

(4) 상대는 오른쪽 주먹이 눌렸으므로 왼쪽 주먹을 내려고 할 때, 오른쪽 주먹을 당기는 힘에 맞추고 (사진 4).

(5) 허리를 낮게 내리고, 양 팔꿈치를 아래로, 양손은 오른쪽 주먹을 허리에 누르고, 아래쪽에서 윗쪽 앞으로 둥근 구슬을 누르듯이 상대를 쓰러뜨린다 (사진 5~6).

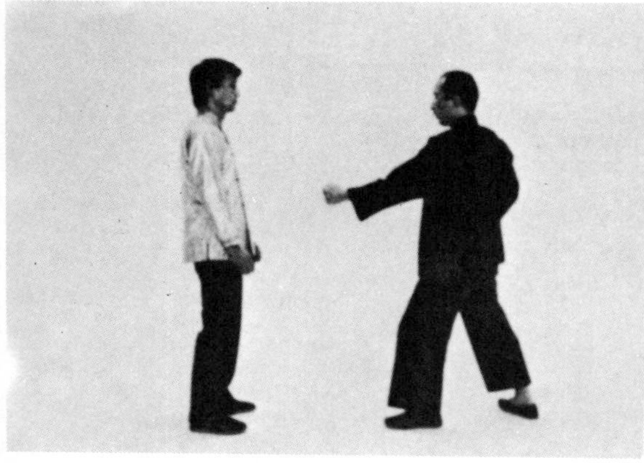

1

2

3

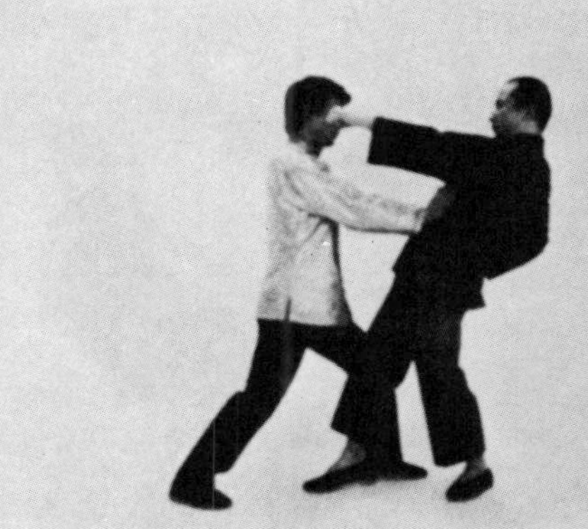

4

☆우람작미(右攬雀尾)

(1) 상대의 중단 준비 자세에 대하여 자연체로 선다 (사진 1).

(2) 상대는 전진하여 오른쪽 주먹 상단 찌르기로 공격한다. 그것과 동시에 허리를 내리면서 왼발을 반보 내고, 양손은 원을 그려 가슴 근처까지 올린다 (사진 2).

(3) 상대는 오른쪽 주먹을 당기고, 전진하여 왼쪽 주먹으로 찌른다 (사진 3).

(4) 양손을 앞쪽으로 내어 상대의 가슴에 대고, 아래에서 위로 밀어 올리듯이 상대를 앞쪽으로 쓰러뜨린다 (사진 4).

☆단편(単鞭)

(1) 상대의 중단 준비 자세에 대하여 자연체로 선다 (사진 1).

(2) 상대는 전진하여 오른쪽 주먹 상단 치기로 안면을 찌른다. 동시에, 오른발에 체중을 이동시키면서, 왼손을 비스듬히 앞에서부터 윗쪽으로 올리고, 오른쪽 주먹 상단 찌르기를 내린다 (사진 2).

(3) 상대는 오른쪽 주먹을 당기고 왼쪽 주먹 찌르기로 연속 공격을 한다. 오른손으로 이것을 내리고, 왼발에 체중을 이동시키고, 왼발을 앞쪽으로 내 디딘다. 상대는 다시 왼쪽 주먹을 당기고 오른쪽 주먹 공격을 한다(사진 3～4).

1

2

3

4

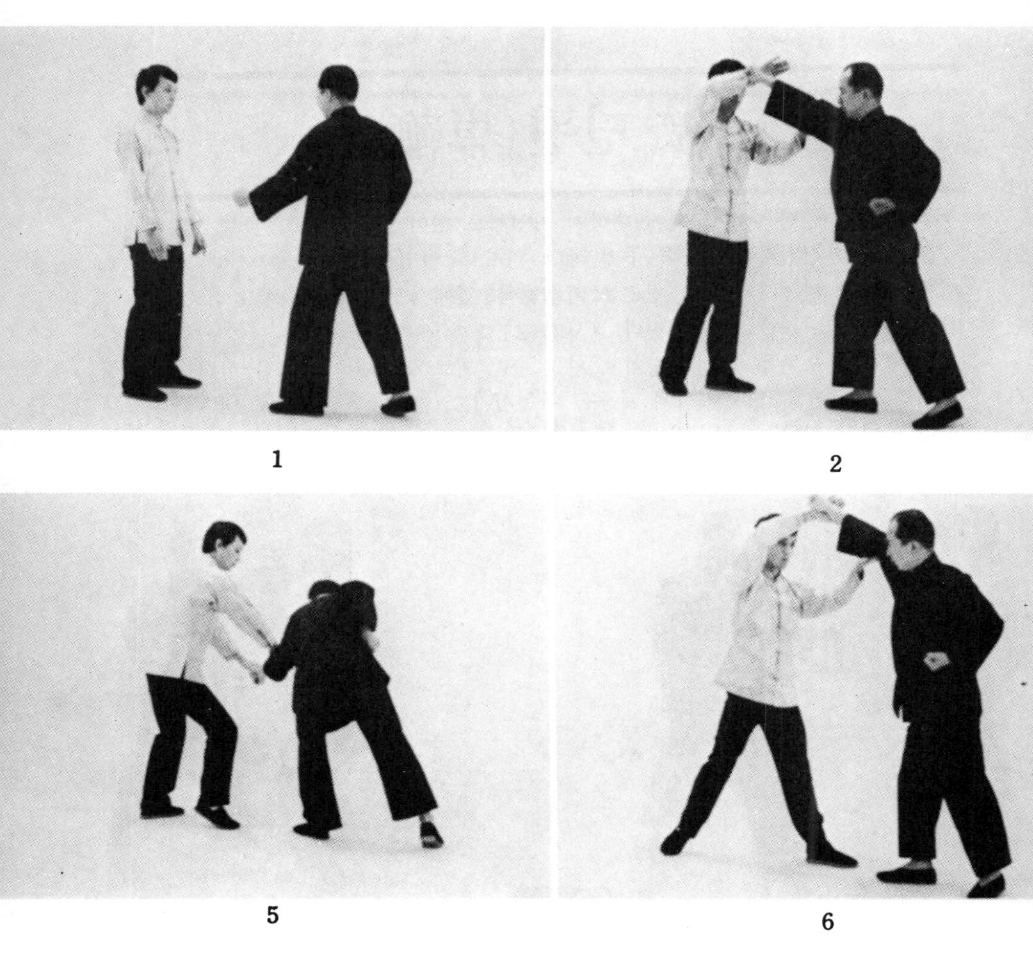

1 2 5 6

☆운수(雲手)

(1) 상대의 중단 준비 자세에 대하여 자연체(自然体)가 된다 (사진 1).

(2) 상대는 오른쪽 주먹 찌르기로 안면을 공격한다. 이것과 동시에 왼발을 반보 내 디디면서 오른손을 머리 위에, 왼손은 어깨 높이까지 올리고, 상대의 찌르기를 오른쪽 아래로 내린다 (사진 2～3).

(3) 오른쪽 주먹 공격이 빗나갔으므로, 상대는 다시 왼쪽 주먹 상단 찌르기를 한다. 그것에 대응하여, 왼발을 반보 후퇴하면서 동시에 오른발을 반보 정도 내

3

4

7

8

디디고, 왼손을 머리 위에 오른손을 어깨 높이로 하여 상대를 왼쪽 아래로 내린다(사진 4～5).

(4) 상대는 다시 오른손 주먹으로 연속 공격을 한다. 그것에 대응하여 다시 오른발을 후퇴시키고, 2～3의 순으로 이것을 받아 내린다(사진 6).

(5) 오른손으로 상대의 손목을 잡고 왼손은 팔꿈치를 잡고, 오른발에 체중을 이동시켜 발을 활모양(弓形)으로 구부리면서, 상대를 오른쪽 아래로 누른다(사진 7).

(6) 그대로 상대를 지표에 쓰러뜨린다(사진 8).

1

☆ 고탐마(高探馬)

(1) 상대의 왼쪽 중단 준비 자세에 대하여 자연체(自然体)로 선다(사진 1).

(2) 상대는 전진하여 오른쪽 주먹으로 옆치기를 한다. 상대의 공격과 동시에, 오른발을 반보 내 디디고, 왼손을 윗쪽에, 오른손을 가슴 앞에 낸다(사진2～3).

(3) 왼손은 상대의 오른쪽 주먹을 내리고, 오른손은 팔꿈치를 아래로 하여 활 모양으로 내고, 오른발에 중심을 이동시키고, 오른쪽 손바닥으로 상대의 가슴을 친다(사진 4～5).

2

3

4

5

☆우등각(右蹬脚)

(1) 상대가 오른발을 앞으로 내어 선 것에 대하여 자연체(自然体)로 선다(사진 1).

(2) 상대는 체중을 앞발에 얹고 양 주먹을 만들어, 양 귀를 끼우려고 양 주먹 치기를 가하여 온다. 적의 움직임과 동시에 오른발을 올리고, 양손으로 이것을 내린다(사진 2～3).

(3) 왼손을 얼굴의 측면까지 당기면서 오른발을 펴고, 왼손을 귀 근처까지 당겨 붙이면서 오른발을 펴고 상대를 쓰러뜨린다. 신 뒤꿈치로 차듯이 발을 올린다.

상대는 왼쪽 주먹으로 다시 공격하려고 하는데, 먼저 오른손으로 상대의 왼쪽 주먹의 출두(出頭)를 누르고, 왼손을 펴서 가슴을 쳐 쓰러뜨린다(사진 4～5).

3

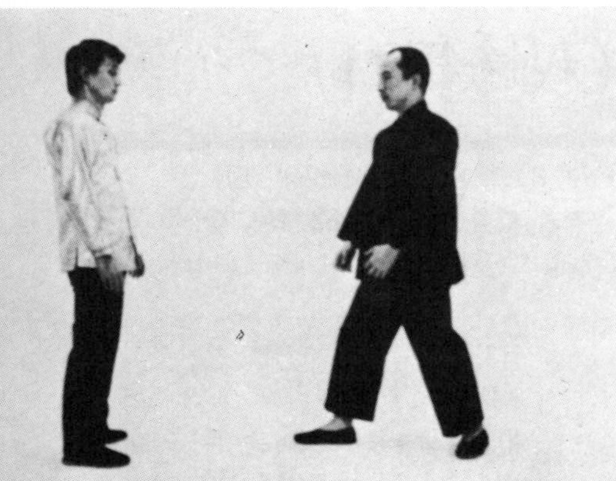

1

2

4

5

☆ 쌍봉관이(双峰貫耳)

(1) 상대의 중단 준비 자세에 대하여 자연체(自然体)로 선다(사진 1).

(2) 상대는 전진하여 오른쪽 주먹 중단 공격을 한다. 그것에 대응하여 오른쪽 무릎을 높이 올리면서, 동시에 왼손으로 상대의 오른쪽 주먹을 아래로 내린다(사진 2)

(3) 양손으로 주먹을 만들면서 오른발을 1보 내디디고, 양 주먹의 등을 안쪽으로 비틀면서 상대의 양쪽 귀를 찌른다(사진 3).

1

2

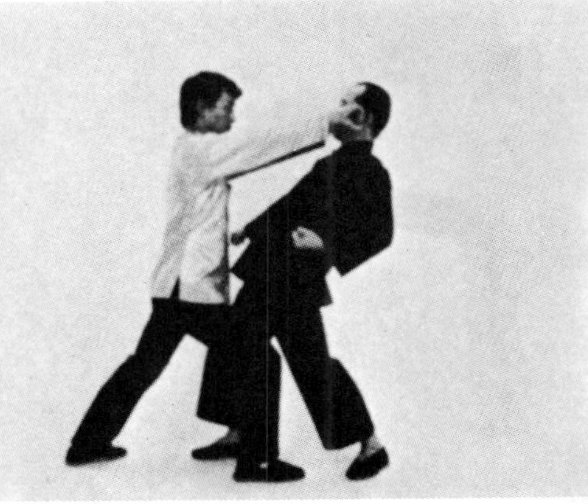

3

☆좌우천사(左右穿梭)

(1) 상대의 중단 준비 자세에 대하여 자연체(自然体)로 선다(사진 1).

(2) 상대는 전진하여 오른쪽 주먹 상단 찌르기로 공격한다. 그것과 동시에 왼발을 일보 전진시키면서, 왼손으로 상대의 주먹을 내리고, 오른손은 가슴 아래를 친다(사진 2).

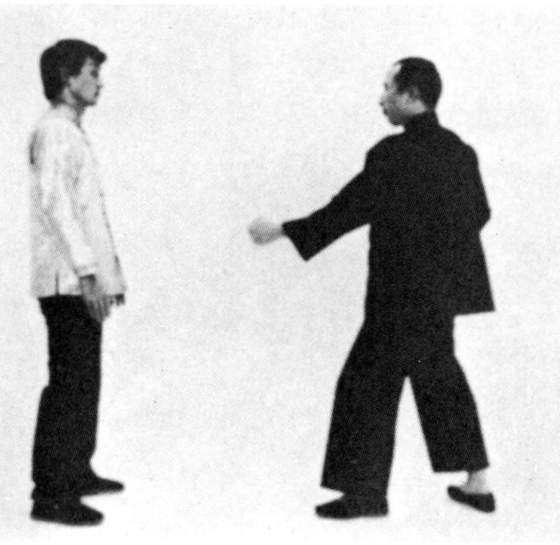

1

2

(3) 왼손은 손바닥을 바꾸어 잡고, 오른손은 가슴에 내찔러 쓰러뜨린다(사진 3).

3

☆ 좌하세독립(左下勢独立)

(1) 상대의 중단 준비 자세에 대하여 자연체(自然体)로 선다(사진 1).

(2) 상대는 전진하며 오른손 중단 찌르기로 공격한다. 그것과 동시에 오른손을 크게 뒤쪽에 내리고 신체를 내리면서, 오른쪽 주먹은 오른쪽 뒤로 호를 그리듯이 올리고, 오른쪽 손바닥은 구수(鈎手)로 바꾼다(사진 2).

(3) 아래에서 위로 왼손을 전진시키고, 왼발에 중심을 다 이동시켰으면, 그대로 왼손을 좀더 윗쪽으로 올려 일어나면서 상대를 뒷쪽으로 쓰러뜨린다(사진 3～5).

3

1

2

4

5

☆ 섬통비(閃通臂)

(1) 상대의 중단 준비 자세에 대하여 자연체(自然体)로 선다(사진 1).

(2) 상대는 전진하여 오른쪽 주먹 중단 찌르기로 공격한다. 그것과 동시에 왼발을 반보 내 디디면서 허리를 내리고, 왼손으로 상대의 오른쪽 주먹을 아래로 내린다(사진 2).

(3) 상대는 오른쪽 주먹이 실패했기 때문에 연속하여 왼손 주먹 공격을 한다. 그것을 허리를 낮추어 오른손으로 누른다(사진 3).

(4) 잡은 상대의 왼쪽 주먹을 윗쪽으로 당겨 올리고, 동시에 왼발을 크게 내디디고, 왼손을 상대의 가슴에 쳐 앞쪽으로 쓰러뜨린다(사진 4～5).

3

1

2

4

5

☆ 전신반란추(転身搬攔捶)

(1) 상대의 중단 준비 자세에 대하여 뒤를 향하여 서고, 왼손을 가슴의 높이, 오른손을 얼굴 높이로 올린다(사진 1).

(2) 상대는 전진하여, 오른쪽 주먹 중단 찌르기로 공격한다. 그것과 동시에 오른쪽으로 방향을 바꾸어 윗쪽에 있는 오른손으로 상대의 오른팔을 아래로 내린다. 이 때 주먹 안쪽으로 친다(사진 2).

(3) 주먹 안쪽으로 내리면서, 손등을 뒤집어 상대의 손목을 잡고, 더욱 측면 아래로 내린다(사진 3).

(4) 상대는 공격에 실패했기 때문에, 오른쪽 주먹에 이어 왼쪽 주먹으로 다시 공격한다. 그것과 동시에 왼발을 내 디디고,왼손으로 상대의 가슴을 찌른다(사진 4).

(5) 이어 체중을 왼발에 이동시키면서, 오른손을 상대의 가슴에 대어 쓰러뜨린다(사진 5).

3

1

2

4

5

1

4

☆ 여봉사폐(如封似閉)

(1) 상대가 오른손을 잡고 끌어 당기려고 한다(사진 1).

(2) 왼발에 체중을 이동시키면서, 상대에게 잡힌 오른쪽 손목의 아래에 왼손을 대고, 조금 왼쪽으로 내린다(사진 2).

(3) 상대의 손목을 오른팔 아래에 댄 채, 양 손바닥을 한번 위로 향하여 상대의

2

3

5

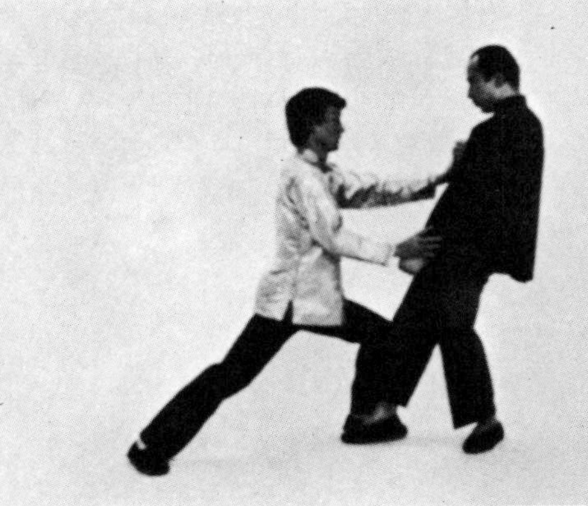

6

손목을 한 번 왼쪽 방향(상대편에서 보면 오른쪽 방향)으로 회전시킨다(사진3).

(4) 상대는 잡은 손이 풀어졌기 때문에 왼쪽 주먹을 당기고, 다시 오른쪽 주먹으로 찌르기를 한다. 그것을 받는 동시에, 중심을 오른발에 옮기면서, 양손으로 상대의 오른쪽 주먹을 내린다(사진 4).

(5) 체중을 다시 왼발에 옮기면서, 왼손은 상대의 오른쪽 팔꿈치에 대고, 오른손으로 주먹을 오른쪽 방향으로 내린다(사진 5∼6).

☆십자수(十字手)

1.

(1) 상대의 왼쪽 중단 준비 자세에 대하여 자연체(自然体)로 선다(사진 1).

(2) 상대는 전진하며 오른쪽 주먹 중단 치기로 공격한다. 상대의 움직임과 동시에 양손을 배 앞에 가져가 교차시키고, 상대의 오른쪽 주먹에 접촉하는 순간에 양 손바닥을 좀 더 아래로 내리면서, 새끼 손가락이 아래에서 안쪽으로 향하도록 손목을 뒤집는다. 상대의 오른쪽 주먹을 회전시킨다(사진 2).

2.

(1) 상대의 왼쪽 중단 준비 자세에 대하여 자연체(自然体)로 선다(사진 1′).

(2) 상대는 전진하며 오른쪽 주먹 찌르기로 공격한다. 상대의 움직임과 동시에 양 손목을 아래에서 위로 원형으로 교차시키고, 상대의 상단 찌르기를 받는다. 상대의 주먹과 접촉하는 순간에, 새끼 손가락이 윗쪽에 엄지 손가락이 아래가 되도록 상대의 주먹을 되돌린다. 위에서 내리듯이 손목을 되돌린다(사진 2).

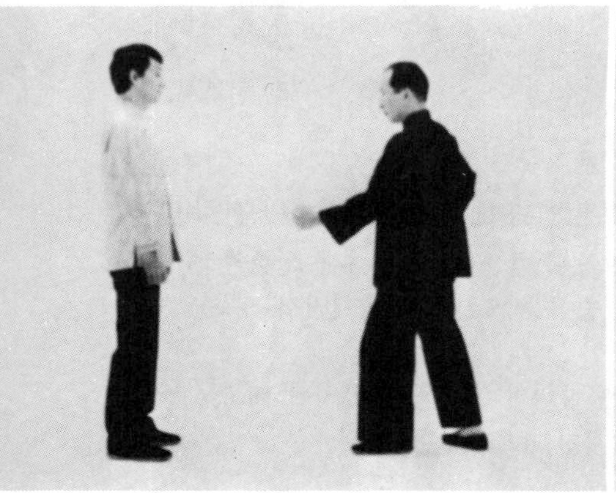
1

2

1

2

소림권의 문파(門派)에 대하여

일반적으로 소림권법의 기원은, 소림 권법을 해설한 중국 문헌에 의하면, 복건성 소림사의 적파(嫡派)인 숭산(嵩山) 소림사에서 달마 대사에 의해 창시되었다고 기록되어 있다. 이 소림 달마 대사의 창시를 따르고 있는 문파는 360여문 및 그들의 소림문을 대별하면, 아미(峨嵋)소림, 무당(武当)소림, 복건(福建)소림, 광동(広東)소림, 하남(河南)소림의 5대파로 대별된다.

그 분파의 흐름을, 하남(河南)소림을 예로 들면, 하남 소림은 또 3대가로 나눌 수 있다. 즉 (a)홍가(紅家) 소림 주강(主剛), (b)공가(孔家) 소림 주유(主柔), (c)유가(俞家) 소림 강유(剛柔) 및 나한권(羅漢拳). 또 거기에 그 아래에 분파가 있고, 이것은 다음의 사대문(四大門)으로 나뉘어진다. (1) 대성문(大聖門), (2) 나한문(羅漢門), (3) 삼랑문(三郎門), (4) 위타문(韋陀門). 그 아래에 또 약간의 문(門)이나 파(派)가 있다. 이와 같이 소림권법의 문파는 다양하다. 예를 들면 소림사권법 중에서 사용되고 있는 5권(五拳 : 용, 호랑이, 뱀, 학, 표범)의 각종 동물의 형을 독립시킨 별파(別派)로써, 용권(竜拳), 호권(虎拳), 학권(鶴拳) 등으로 호칭하여, 일문(一門)을 세우고 있는 사람도 있다.

중국 권법에 관하여 남파(南派)와 북파(北派)로 구별하여 호칭하는 것은, 이미 본문(1장 참조)에서 서술하였지만, 소림계의 무당(武当) 내가(内家)의 분류와는 달리, 소림권 문파 중에서도 그것이 보급되어진 지역에 따라, 다음과 같이 세가지 계통으로 대별되고 있다.

예를 들면, 양자강보다 남쪽 지역에서, 특히 하천에서 배를 만드는 사람들이 즐겨 사용했던 소림권을 단수(短手), 또는 중권(重拳)이라고 칭하며, 남파 소림권법과는 유별(類別)된다. 한편, 산악 지대의 교통이 불편한 지방에서 발달한 소림권을 장수(長手), 또는 중퇴(重腿)라고 부르며, 이것을 남파(南派)소림권에 대비하여, 북파(北派)소림권이라고 부르고 있다. 남파 소림권은, 관수(貫手)가 사용되는 강력 발력이 곡선 기법을 그 특징으로 한다.

제3장 형의권의 기법

1. 형의권의 준비동작

◉ 1 ~ 9 까지의 연속 사진은, 이하에서 소개하는 형의 권법의 오행권(五行拳), 오행 연환권(連環拳)을 실시하기 전의 준비 동작이다. 즉 각 기법 전에 사진 1 ~ 9 의 동작이 있으며, 각권(各拳)은 다음의 사진 10부터 시작된다.

◉ 이 자세에 있어서 고전(古伝)의 주의 사항은 다음과 같다

(i) 허리는 곰과 같이 단단히 안정시킨다.

(ii) 목에서 턱을 당기고, 목의 근육은 호랑이와 같이 강하게.

(iii) 신체는 용의 몸과 같이 유연하게.

(iv) 양손은 매의 발톱과 같이 날카롭게.

(1) 신체는 정면을 향하여 조금 비스듬히 양발의 뒤꿈치를 마주하여 직립 자세로 선다. 이 경우, 왼발 끝은 정면 앞쪽으로 똑바로 향하고, 왼발은 직선으로 되어 있다. 오른발의 뒤꿈치를 마주한 위치에서 45도 정도 벌리면 상체는 자연히 반신(半身 : 정면에 대하여 비스듬한 자세)의 자세가 된다. 양 뒤꿈치를 붙인 채, 양 무릎을 붙이고, 허리를 비틀면서 양손으로 원을 그리듯이 위로 올리고, 가슴 앞에서 주먹을 비틀어 상체를 반신으로 하고, 주먹의 등을 위로 하여 오른쪽 허리 앞에 준비한다(사진 1 ~ 4).

(2) 이어서 주먹의 등이 아래쪽이 되도록 비틀면서, 팔을 비틀듯이 품에서 내놓으며 내 찌른다. 왼쪽 주먹은 역시 등을 아래로 하여 가슴 아래까지 당기고, 왼쪽 주먹을 신체의 중심선을 통과하여 오른쪽 팔꿈치의 안쪽에 붙인다. 거기에, 왼발을 앞쪽으로 1 보 전진하면서, 오른쪽 주먹 위에 왼쪽 주먹을 비비듯이 얹어, 좌우의 손바닥을 아래로 향하여 벌린다(사진 5 ~ 9).

1
2
3
4
5
6
◀ 사진 4의 정면도
▶ 사진 6의 정면도

7

8

9

(3) 이하는 오행권(五行拳)의 벽권(劈拳)·찬권(鑽拳)·붕권(崩拳)·포권(炮拳)·횡권(橫拳) 및 오행 연환권(連環拳)의 사진 10에 이어진다. 준비 동작의 마지막의 자세 9는, 왼팔의 팔꿈치가 왼발의 무릎 머리와 왼쪽 발끝의 엄지 발가락과 일직선상의 위치가 되며, 오른손은 공을 안는듯한 활모양으로 팔을 뻗치고, 오른손의 엄지 손가락 끝은 오른쪽 아래 배쪽을 향하는 자세가 된다.

준비동작의 시작

그림 ①과 같이, 신체는 정면에서 조금 비스듬하게 되도록, 양발의 뒤꿈치를 마주하고(그림 ②), 직립 자세로 선다.

〈그림 2〉

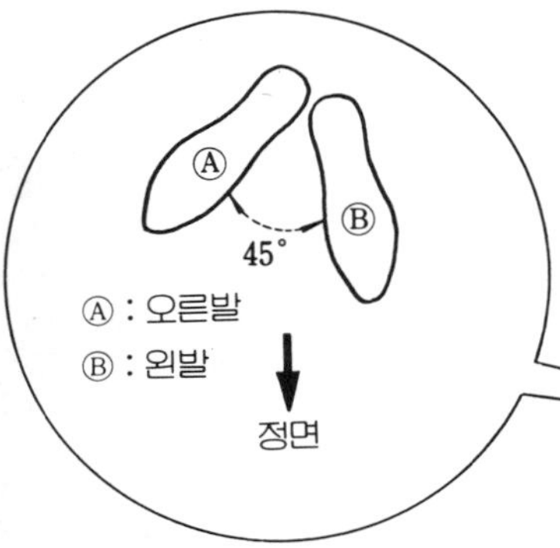

Ⓐ
Ⓑ
45°
Ⓐ : 오른발
Ⓑ : 왼발
정면

〈그림 1〉

2. 형의오행권(五行拳)의 기본형(基本形)

◉ 형의권은 전진에 따른 전진의 권법이며, 결코 후퇴를 하지 않는다는 것이 그 특징이다. 전에 서술했던 곽운심(郭雲深)의 일화에서는 나오지 않았지만, 예를 들면 상대가 강력한 공격을 해 오더라도 결코 후퇴하지 않고,반드시 상대를 쓰러뜨리는 기(技)를 사용하는 것이다. 가라떼나 소림권은 그 대부분의 경우, 상대의 부주의나 약점을 공격하는데 대하여,형의권은 상대가 견고한 방어 자세를 취하고 있을 때에도 조금도 추적을 멈추지 않고 계속하는 '필승 권법'인 것이다.

◉ 그 위력있는 형의권 중 현재 일반적으로 실시되고 있는 형(形)이 이 책(本書)에서 소개할 형의 오행권과 형의 오행 연환권이다.

1 벽권(劈拳)

—— 벽에 못을 쳐 박듯이 찔러 쳐부시는 권(拳)이라는 뜻 ——

● 전진하는 경우

왼쪽 준비 자세에서 (준비 동작의 사진 1～9에 이어서)

(1) 무엇인가 물건을 들어 가까이 당기듯이 주먹을 만들어,양 겨드랑이에 팔꿈치를 붙이면서 주먹등을 위 겨드랑이 아래까지 가져 간다 (사진 10～14).

(2) 왼발을 반보 내디딘 다음 오른발을 내디딘 왼발의 복사뼈에 붙인다. 동시에 왼손의 주먹을 주먹등이 아래가 되도록 가져 가고, 오른쪽 주먹은 왼쪽 팔

의 팔꿈치에 붙인다 (사진 15).

(3) 오른발을 일보 내디디고, 동시에 오른쪽 주먹은 왼쪽의 안쪽에 붙여 내찌른 다음 손을 자연스럽게 편다. 그다음 자세는 오른쪽 준비 자세가 되도록 한다 (사진 16).

(4) 이하 연속하여 창을 찌르듯이 일직선으로 직선 동작을 반복한다. 발의 내디딤은 반보 내 디디고, 양발 일보씩 전진한다 (사진 17).

13 14 15

19 20 21

● 회전하는 경우

(1) 17의 준비 자세에서 앞발의 뒷꿈치를 중심으로 120도 정도 안쪽으로 향하고, 왼손·오른손의 주먹등이 위가 되도록 하여 배 앞에서 모은다 (사진 18).

(2) 뒷발을 반보 반대 방향으로 내 디디고, 오른쪽 주먹의 등이 아래가 되도록 비틀어, 안쪽에서 바깥쪽의 눈 높이까지 편다. 이 때 왼쪽 주먹은 오른쪽 팔꿈치의 근처에 붙이듯이 하여 오른쪽 팔을 보조한다 (사진 19).

(3) 반대 방향으로 향한 다음, 출발 시점의 형(形)으로 되돌아 간다 (사진 20 ~21).

22

23

●수식 동작

• 22~23으로 발을 당겨 양발을 붙이면서, 양손을 위쪽으로 올리고, 바깥쪽에서 조용히 돌리고, 배 앞에서 주먹등을 아래로 하여 동작을 마무리한다.

☆벽권의 응용조수(組手)

(1) 양자 서로 마주하고 자연체(自然体)로 선다 (사진 1).

(2) 상대(상의 백색)는 전진하여 오른쪽 주먹으로 중단 공격을 한다. 그것과

3

4

동시에 오른발을 앞의 자세에서 반보 비스듬히 왼쪽으로 내 디디고, 왼쪽 주먹의 바깥 등으로 상대의 오른쪽 주먹을 비스듬히 받는다 (사진 2).

(3) 왼발을 반보 전진시키고, 왼쪽 주먹 등을 아래로 하여 비틀어 내듯이 상대를 향하여 내 찌른다. 이때 오른쪽 주먹은 왼쪽 팔꿈치를 보좌하여 다음 연타의 준비가 된다 (사진 3～4).

(4) 체중을 실은 오른발을 크게 일보 전진시키고(뒷발도 낸다) 동시에 오른쪽 주먹을 왼쪽 팔꿈치에서 손목에 걸쳐 문지르듯이 내고, 상대의 턱을 쳐 쓰러뜨린다 (사진 5～6).

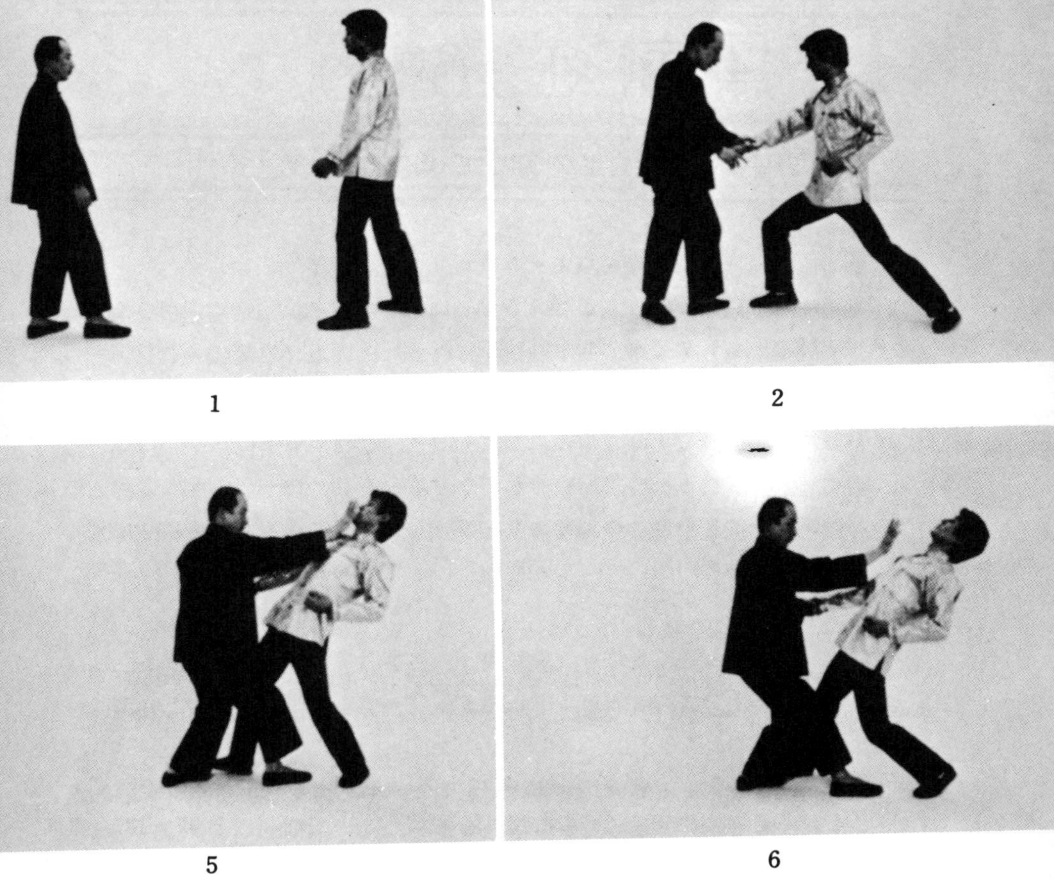

1 2 5 6

10

11

12

2 찬권(鑽拳)

—날카롭게 직선적으로 관통시키거나 자르는 듯한 주먹 —

● **전진하는 경우**

왼쪽 준비 자세에서(준비 동작의 사진 1～9에 이어서)

(1) 왼발을 반보 내 디디고, 왼발의 복사뼈에 오른발을 붙이고, 동시에 오른손은 주먹을 만들어 오른쪽 겨드랑이 부근으로 가져 간다. 왼손의 손가락 끝은 안쪽을 향하도록 한다 (사진 10～11).

(2) 오른쪽 겨드랑이의 팔꿈치를 내려 주먹등을 아래로 하고,아래쪽에서 눈높이로 찌른다. 동시에 왼손은 오른쪽 주먹의 아래쪽에서 문지르듯이 팔꿈치를 당기고,오른쪽 겨드랑이에서 아래에 둔다 (사진 12).

(3) 오른발을 반보 전진시켜 체중을 실으면서 왼쪽 발을 붙이고, 10～12의 역의 자세가 되도록 하며,번갈아 연속하여 좌우의 발에 체중을 실으면서 직진한다 (사진 13～14).

● **회전하는 경우**

(1) 오른발을 1보 내디디고 발끝을 안쪽으로 구부린다. 왼손은 손등이 바깥쪽이 되도록 비틀면서,머리 위에서 점차 벌리고 중심선을 커버하듯이 내린다 (사진 15～16).

(2) 허리를 회전시켜 왼발을 올리고,왼쪽 팔은 팔꿈치를 당기고 중심선을 통과하여,왼발을 내 디디고 손등을 아래로 하여 주먹을 내찌른다 (사진 17～18).

13 14 15

16 17 18

◀사진 17의 정면도

19

20

21

22

● 수식(収式) 동작

사진 19의 형에서 조용히 양손을 벌리고, 배 앞에서 주먹을 모은 다음, 양손을 위로 올리고, 바깥쪽에서 돌리듯이 내리면서 직립하여 자연체(自然体)가 되도록 한다 (사진 19～22).

☆찬권(鑽拳)의 응용 조수(組手)

(1) 양자 서로 마주하고 자연체(自然体)로 선다 (사진 1).

(2) 상대(상의 흰색)는 오른쪽 주먹 상단 찌르기로 안면을 공격한다. 그것에 대응하여 동시에 왼발에 체중을 실으면서 반보 내디디고, 오른발은 왼발의 뒤꿈치에 가까이 붙이고, 왼쪽 주먹으로 상대의 오른쪽 주먹을 바깥쪽에서 감싸듯이 누른다 (사진 2～3).

(3) 다음 상대의 오른쪽 주먹을 아래로 내리면서 오른발을 1보 전진시키고 (뒷발도 낸다) 오른쪽 안쪽 주먹을 비틀듯이 체중을 실어 내 찌른다 (사진 4).

1

2

3

4

10

11

12

3 붕권(崩拳)

——산조차 찔러 무너뜨릴 정도의 주먹이라는 뜻——

● **전진하는 경우**

왼쪽 준비 자세에서(준비 동작의 사진 1～9에 이어서)

(1) 왼쪽·오른쪽 손 모두 주먹을 만들면서 왼쪽 팔은 가슴 높이로 들고, 오른쪽 주먹은 손등을 아래로 하여 오른쪽 배 옆에 붙인다 (사진 10).

(2) 왼쪽 주먹을 비틀면서 주먹을 세워 찌른다. 최초의 찌르기는 왼발을 내지 않는다 (사진 11).

(3) 양 주먹은 왼발을 반보 내디딘 다음, 그 내디딘 왼발의 복사뼈에 오른쪽 발을 얹고, 오른발을 일보 내디디는 것과 동시에 주먹을 틀면서 수평하게 주먹을 세워 찌른다 (사진 12).

〔**주의**〕 뒷 발에 중심을 두고 양 무릎을 조인다.

13 14 15 16 17 18

● 회전하는 경우

(1) 왼쪽 주먹을 앞쪽으로 내 찌르고, 오른쪽 주먹은 팔꿈치 치기의 요령으로 뒤쪽으로 당기면서, 오른쪽 앞발의 뒤꿈치를 축으로 안쪽 120도 방향 전환한다. 뒷발은 발바닥이 완전히 바깥을 향하도록 올린다 (사진 13~14).

(2) 왼쪽 발로 상대를 차 쓰러뜨리는 것과 동시에, 왼쪽 팔은 손등을 아래로 하여 내 찌르고, 오른쪽 주먹은 왼쪽 팔의 팔꿈치에 붙여 내찌른 왼쪽 주먹을 보좌한다 (사진 15).

(3) 찬 발은 보폭을 넓혀 착지. 그때, 오른손을 앞에 왼손을 허리의 앞에 밸런스를 취하도록 준비한다 (사진 16~17).

19

20

21

● **수식 동작**

(1) 오른손은 손등을 아래로 하여 허리로 당기고, 뒷발을 일보 내 디뎌 일어서면서 왼쪽 주먹을 내 찌른다 (사진 18).

(2) 주먹을 천천히 벌리면서 배 앞에서 양손을 모은다 (사진 19).

(3) 양손을 바깥에서 위로 올리고, 안쪽에 원을 그리듯이 내린다 (사진 20~21).

☆붕권(崩拳)의 응용 조수(組手)

(1) 양자 서로 마주하고 자연체(自然体)로 선다.

3

4

(2) 상대(상의 흰색)는 전진하며 오른쪽 주먹 중단 찌르기로 공격한다. 상대의 동작과 동시에 오른쪽 발에 체중을 실은 채 반보 전진하고 (왼쪽 발을 들어 오른발의 뒷꿈치에 얹는다), 왼팔의 안쪽으로 상대의 오른쪽 주먹 찌르기를 누른다.

(3) 왼쪽 주먹의 팔꿈치로 상대의 오른쪽 주먹을 아래로 누르고, 동시에 왼발에 체중을 얹어 1보 내디딘다(사진 3).

(4) 다시 오른쪽 발을 내디디고, 비튼 오른쪽 주먹을 내 찌른다. 또는 왼쪽 발을 반보 전진하고, 다시 오른발을 1보 내디디면서 오른쪽 주먹으로 내찌른다 (사진 4~5).

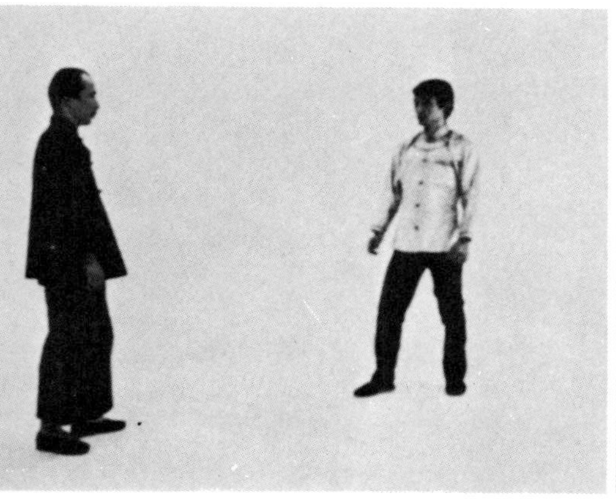

1

2

5

10

11

12

◀ 사진 10의 정면도

4 포권(炮拳)

—— 대포의 탄환이 차차 연속 폭발하는 듯한 권(拳)이라는 뜻 ——

● 전진하는 경우

왼쪽 준비 자세에서(준비 동작의 사진 1～9에 이어서)

(1) 왼발을 반보 비스듬히 내디디고, 동시에 오른발을 그 내디딘 왼발의 복사뼈에 대고, 오른쪽 팔꿈치를 옆구리에 끌어 당겨 붙인다 (사진 10～11).

13 14 15

16 17 18

(2) 왼발을 비스듬히 앞쪽으로, 왼손은 구부려 상단 받기를 한다. 동시에 오른쪽 주먹은 주먹을 세워 앞쪽으로 내찌른다 (사진 12).

(3) 왼발을 반보 앞쪽으로 내 디디고, 오른쪽 팔꿈치를 오른쪽 위쪽에서 구부려 받는 자세를 취하며, 동시에 왼쪽 주먹을 세워서 앞쪽으로 내 찌른다. 좌우 번갈아 형(形)을 만들고, 1보 반 전진하는 발걸음으로 연속하여 창을 찌르듯이 일직선으로 전진 또 전진한다 (사진 13~14).

●회전하는 경우

(1) 왼발을 일보 내 디디면서 중단으로 내리고, 왼발을 안쪽으로 120도 정도 벌리고 뒷쪽의 오른발은 바깥쪽으로 벌린다 (사진 15).

19

20

(2) 허리를 회전시켜 방향을 전환하기 위하여 크게 비스듬히 앞쪽으로 내디딘다 (사진 16).

● 수식 동작

사진 17~20의 순서로 마친다.

1

☆포권(炮拳)의 응용 조수(組手)

● 1.

(1) 양자 서로 마주 향하여 형의(形意) 자연체(自然体)로 선다 (사진 1).

(2) 상대(상의 흰색)는 전진하여 오른쪽 주먹·상단 찌르기로 공격한다. 상대의 공격과 동시에 오른발에 체중을 실어 비스듬히 오른쪽으로 반보 전진시키고 상대의 주먹 안쪽을 보면서 왼쪽 주먹으로 받는다 (사진 2).

(3) 허리를 자르면서 왼발을 왼쪽 방향으로 1보 내디디고, 동시에 오른손 주먹으로 중단 찌르기를 넣고 전진한다 (사진 3).

2

3

● 2.

(1) 양자 서로 자연체(自然体)로 마주하고, 상대는 중단 찌르기의 자세로 준비한다 (사진 1).

(2) 상대의 왼쪽 주먹 중단 찌르기의 공격에 대하여, 오른발에 체중을 실으면서 비스듬히 오른쪽으로 반보 전진하여, 양손으로 상대의 중단 찌르기를 받는다 (사진 2).

(3) 동시에 왼발을 비스듬히 앞쪽으로 1보 내 디디고, 상대의 다음 오른쪽 주먹을 왼쪽 주먹으로 받는다. 동시에 오른쪽 주먹을 상대를 찔러 올리듯이 체중을 실어 내 찌른다 (사진 3~4).

1 2

3

4

10

11

12

◀ 사진 10의 정면도

▶ 사진 12의 정면도

5 횡권(橫拳)

——문자 그대로 옆으로 치는 형의(形意) 독특의 권——

● 전진하는 경우

왼쪽 준비 자세에서(준비 동작의 사진 1～9에 이어서)

(1) 오른발·왼발 모두 끄는 발로 전진한다. 동시에 오른손은 주먹을 만들면서 팔을 비틀어 넣고, 사진 11과 같이 안쪽에서 왼팔의 바깥쪽에서 오른쪽으로 향하여 주먹 안쪽으로 내 찌른다 (사진 10～11).

13

14

15

(2) 왼발은 오른발과 크로스되도록 하면서 전진하고, 오른발을 비스듬히 오른쪽으로 내디딘다. 동시에 왼손은 주먹을 만들면서 오른팔의 바깥쪽에서 팔을 비틀어 되돌리듯이 왼쪽 앞으로 보내고, 안쪽 주먹으로 내찌른다. 좌우 번갈아 연속하여 전진한다. 비틀어 내 찌르는 듯한 동작이 옆 찌르기와 동시에 이루어지고 있는 것을 볼 수 있다 (사진 12～13).

● 회전하는 경우

사진 13의 앞발의 뒷꿈치부터 120도 안쪽으로 구부리고, 바깥쪽으로 회전시켜 비스듬히 앞으로 내는 것과 동시에, 양손의 위치는 모두 사진 15와 같이 반대가 된다 (사진 14～15).

☆횡권(横拳)의 응용 조수(組手)

● 1.

(1) 양자 서로 마주하여 자연체(自然体)로 선다. 상대(상의 흰색)는 중단 찌르기 준비 자세가 되도록 한다 (사진 1).

(2) 상대의 전진하여 오른쪽 주먹 상단 찌르기의 공격에 대하여, 동시에 체중을 실으면서 비스듬히 1보 전진하여, 왼쪽 주먹을 옆으로 쳐 낸다 (사진 2).

● 2 .

(1) 상대(상의 흰색)에게 오른쪽 손목을 잡힌 경우 (사진 1′).

(2) 체중을 실어 오른발을 비스듬히 1보 전진시키면서 동시에 왼쪽 주먹으로 안쪽에서 상대가 잡은 왼손을 뿌리치듯이 옆으로 쳐 낸다 (사진 2′).

1

2

1

2

3. 형의 오행 연환권

◉ 형의 오행 연환권이란, 기본 오권(五拳)의 연속된 형(단독 연무)이다. 즉 그 기술은 형의 오행권(벽권(劈拳), 찬권(鑽拳), 붕권(崩拳), 포권(炮拳), 횡권(橫拳))의 포인트가 되는 움직임과 변화를 태극권과 같이 연속시키는 것이다.

◉ 이것은 형의 오행권·형의 십이형권 등과 마찬가지로 옛날부터 형(形)을 바꾸지 않고, 현재 일반적으로 실시되고 있는 것이다. 5행 연환권 외에 별파(別派)로써는 오행 상생권(相生拳)·오행 상극권(相剋拳)·사파권(四把拳)·팔세(八勢)·십이홍수(十二紅捶)·잡식수(雜式捶) 등이 있다.

13

14

15

왼쪽 준비 자세에서(준비 동작의 사진 1～9에서)

(1) 왼쪽 준비 자세의 형(形) (사진 10).

(2) 붕권(崩拳)의 형(形)에서 전진한다 (사진 11～13).

(3) 비스듬히 뒷쪽을 찌른다는 생각으로 오른쪽 주먹은 왼쪽 주먹의 위에 가져 간다 (사진 14).

(4) 왼발을 옆으로 내 디디면서, 안쪽에서 주먹 안쪽으로 벌리듯이 친다 (사

10 11 12

16 17 18

19 20 21

25 26 27

22 23 24

28 29 30

진 15).

(5) 오른발에 중심을 이동하고, 벌린 안주먹을 교차되도록 마주한다 (사진 16).

(6) 왼발을 붙이고 오른쪽 주먹을 내 찌르고, 왼손을 팔꿈치에 붙인다(사진 17).

(7) 포권(炮拳)의 요령으로 된다 (사진 18~19).

(8) 왼쪽 주먹을 윗쪽으로 올려 회전시키면서 받아 내리고, 왼쪽 준비 자세를 취한다 (사진 20~22).

(9) 찬권(鑽拳)의 형(形)으로 발이 반대가 된다 (사진 23)

(10) 왼쪽 준비 자세를 취한다 (사진 24~25).

(11) 붕권(崩拳)의 형(形) (사진 26).

(12) 양 무릎을 붙이고 주먹을 쥔다(사진 27 및 28. 28은 정면에서 보았을 때).

31 32 33

37 38 39

34 35 36

40 41 42

⒀ 붕권(崩拳)으로 전진한 다음, 전신(転身)하는 형(形). 전신에서의 기(技)는 모두 반복한다 (사진 29~31).

⒁ 붕권(崩拳)으로 치면서 전진한다 (사진 32~35).

⒂ 십자권(十字拳)으로 받는다. 사진 14와 같다 (사진 36).

⒃ 양 주먹을 벌려 주먹 안쪽으로 친다 (사진 37).

⒄ 다리를 붙이고 왼손 가운데로 오른쪽 주먹을 받는다 (사진 38).

⒅ 포권(炮拳)으로 전진한다 (사진 39).

⒆ 왼쪽 주먹을 얼굴 앞으로 당기고, 오른쪽 주먹을 왼쪽 주먹으로 받는다 (사진 40).

⒇ 왼발을 전진시키고 오른발을 붙이면서 오른쪽 주먹을 오른쪽 겨드랑이로 당겨 붙인다. 이 때 왼쪽 주먹은 왼쪽 위로 올려 벌린다 (사진 41).

43 44 45
49 50 51

(21) 왼발을 내 디디고, 오른쪽 주먹은 왼팔의 중심을 통과하여(왼쪽 팔꿈치의 위에서 왼쪽 손목에 걸쳐서) 문지르듯이 내찌른다 (사진 42).
(22) 왼쪽 준비 자세를 취한다 (사진 43).
(23) 붕권(崩拳)으로 전진한다 (사진 44).
(24) 붕권(崩拳)의 방향 회전 (사진 45).
(25) 붕권(崩拳)으로 전진한다 (사진 46~47).
(26) 오른쪽 발 후퇴하면서 찌르기, 수식(收式) 동작으로 이동한다 (사진 48).
(27) 수식(收式) 동작을 실시한다 (사진 49~52).

46

47

48

52

▲원형

▲사형

▲계형

▲응용

형의 십이형(十二形)에 대해서

후한(後漢)의 화타(華陀)가 창시한 것이라고 전해지고 있는 보건 체조에 '오금지희(五禽之戱)'가 있다. 달마(達磨) 대사가 창시했다고 자칭하는 소림계 권법은, 이 '오금지희(五禽之戱)'를 모델로 하여 용권(竜拳)·호권(虎拳)·표권(豹拳)·사권(蛇拳)·학권(鶴拳)인 소림 5권이 만들어져 있다. 명(明)나라 이후, 소림 문파는 이 소림 5권에 연구와 개량을 가하여 발전시켰다고 한다.

'형의십이권(形意十二拳)'은 소림계 권법을 쳐 부수기 위하여 연구되어진 기법이다 라고 일컬어지고 있다. 그것은 고명(高名)한 손자 병법의 '옛말에 이르기를 적을 알고 나를 알면백전 백승이라'는 고실(古実)이 있듯이 소림계 권법에 대응하는 필승 권법으로써의 구극 목적에 달하기 위해서, 소림 권법의 원리가 되는 동물의 움직임을 십이형(十二形)으로 정리하여 짐승에게 맞추었다고 하는 설(說)도 있다 형의 권법의 기(技)의 구성에서는 형의 십이형(形意 十二形)은 소림계 권법의 움직임을 이해하는 정도의 것으로,그다지 중요시되고 있지 않다.

제4장 팔괘장의 기법

1. 팔괘장(八卦掌)의 기본 선전법(旋転法)

◉ 팔괘장의 형은 기(技)를 연속하여 실시하는 장권(長拳=형이 길다고 하는 의미, 외가권(外家拳)은 단권(短拳)이 많다.)의 스타일로 되어 있다. 그 때문에 팔괘장의 기본이 되는 패턴은 오른쪽 돌기에서 시작하여 선전(旋転)하여 왼쪽으로 돌아 원형을 선회(旋回)하는 동작이 된다. 팔괘장의 장권 단련법(기본 동작)이 되는 반신(反身) 선전(旋転)하는 이 패턴은,태극권이나 형의권, 또 소림권 등에는 전혀 존재하지 않는 기법이다.

◉ 팔괘장의 최대의 특징이기도 한 원형 선전을 계속하는 기법 연습을 제1 ~제3 그림에, 또 연무 사진으로 예측 선상에서 선전하는 모습을 실었으므로 연습할 때에 참고로 하기 바란다.

☆팔괘장의 기본 선전법 1~3

(1) 우선, 사진 1의 연무자와 같이 서서 원형 선상에 왼쪽으로 선전(旋転)하고(사진 1~5), 뚫듯이 하면서 반전(反転)(사진 6~11)하고, 또 왼쪽으로 선회(旋回)한다 (사진 12~18).

(2) 팔괘장의 기법의 특징은, 전신의 비틈과 보법에 있다고 말할 수 있다. 이 기본 동작에서는 연무자의 자세나 보법에 특히 주의하여 연습을 실시하기 바란다.

기본선전법(Ⅰ)

기본선전법(Ⅱ)

❽

❾

❼

兌

乾

坤

巽

坎

乾

坎

離

艮

兌

坤

震

離

艮

巽

震

❿

❻

⓫

기본선전법 (Ⅲ)

2. 팔괘장의 8기본형

◉ 팔괘장의 기법의 특징은 경쾌하고 민첩한 동작, 거기에 더하여 전신의 비틈과 각종의 보법에 있다. 또 팔괘권은 그 기법의 특징에 의해 일찌기는 전환장(転環掌)이라고도 불리웠는데, 현재에도 용형 팔괘장이라고 하는 별파(別派)도 있듯이, 이 권법은 용신(龍身)과 같이 유연한 움직임으로 상대의 급소를 뚫어 간단하게 사망시키는 실전적인 응용 변화의 기법에 그 위력을 발휘한다. 이 책(本書)에서 취급할 응용 조수(組手)는 기본 자세나 보법을 실전적으로 바꾸어, 두명 이상의 상대와 실시하는 것이다.

◉ 또, '팔선과해(八仙過海)'의 기법은 사정에 의해 생략한다.

1 단환장(単換掌)

—— 옆으로 양손을 펴고 선회(旋回)한다는 의미 ——

(1) 자연체(自然体)로 선다 (사진 1).

(2) 조용히 기동을 시작하여 왼쪽 돌기로 전진한다. 이 때 양손을 점차로 가슴 앞에서 앞으로 뻗으면서 선회(旋回)한다. 시계 반대 방향으로 돈다(사진 2～3).

(3) 양 손바닥을 점차로 좌우로 벌리면서 왼쪽 선회(旋回)를 계속한다 (사진 4～8).

(4) 거의 원진(円陣)이 만들어지게 선회했을 때, 오른발 발끝을 급 각도로

단환장 (單換掌)

1

2

3

4

5

6 7 8

9 10

하여 안쪽으로 향한다. 이 때, 대퇴부는 밀착시키고, 양 무릎을 구부리고, 양팔을 가슴 앞에서 교차시킨다 (사진 9).

(5) 왼발 발끝을 왼쪽 돌기로 전진, 진행 방향에 대하여 역 돌기가 되도록 반대 방향으로 내 디디고, 다시 양팔을 점차 벌리면서 오른쪽 돌기로 선전(旋転)을 시작한다 (사진 10).

※ 왼쪽 돌기 다음 오른쪽 돌기를 실시하면서 쌍환장(双換掌)으로 들어간다. 오른쪽 돌기는 생략. 지도의 포인트는 '반신 횡추장(反身 横推掌)'.

쌍환장 (双換掌)

11

12

13

14

15

2 쌍환장(双換掌)

—상중(上中)의 2단(二段)에 손바닥을 펴고 그것을 뚫으면서 반신한다—

(1) 단환장(単換掌)의 역 돌기. 오른쪽 선전(旋転)이 끝나면 다시 왼쪽 전환을 시작하기 위하여 양팔을 교차시키고, 왼발을 내 디딘다 (사진 11).

(2) 왼쪽 선전(旋転)을 시작하면서 신체의 방향을 원진(円陣)이 되도록 바꾸고, 양손은 점차로 상하가 되도록 펴간다. 왼쪽 선전(旋転)을 계속하면서 원진

16

17

18

(円陣)의 중심 방향에 대하여, 왼손(수심(手心)은 윗쪽)의 인지를 향하고,오른손은 비스듬히 윗쪽으로 내면서 선전(旋転)을 계속한다 (사진 12).

(3) 오른쪽 전환을 하기 위하여 오른발의 발끝을 급격한 각도로 안쪽으로 향하고 양팔을 교차시킨다 (사진 13).

(4) 양팔을 벌리면서 왼발을 내 디디고,오른쪽 돌기로 선회(旋回)를 시작하고, 오른손을 아래에, 왼손을 위로 하여 오른쪽 돌기의 반대가 되도록 한다 (사진 14).

(5) 오른쪽 돌기로 선전(旋転)을 계속한다 (사진 15~16).

(6) 양손을 허리 앞으로 마주하도록 하고,왼쪽 손바닥을 당겨 양손으로 친 다음, 오른쪽 손바닥은 윗쪽에 내 올린다. 위 아래 환장(換掌)으로 들어가는 준비 동작이다 (사진 17~18).

※ 지도 포인트는 '횡추장(横推掌), 변성반신천장(変成反身穿掌)'.

상하환장 (上下換掌)

19　　20

21　　22　　23

3 상하환장(上下換掌)

——소리개가 하늘 높이 날아 오르듯이 손바닥을 위로 올리고, 반신(反身)하여 윗쪽으로 뚫고 일어날 듯이 몸을 숙이고, 조용히 못에 있는 물고기가 수면으로 떠 오르듯이 아래에서 적을 처치한다는 뜻——

(1) 오른쪽 손바닥을 왼손으로 친 다음, 왼손을 허리로 가져가는 것과 동시에, 왼발을 다시 일으켜 세우면서, 오른손은 높게 올린다 (사진 19).

24 25 26

30 31 32

(2) 다시 일으킨 왼발을 뒷쪽으로 깊게 펴듯이 내린다. 오른손은 손바닥을 뒤집고 신체의 왼쪽 측면을 미끄러지면서 신체를 가능한 한 낮게 내린다. 허리의 높이를 바꾸지 말고 뒷쪽의 왼발에 체중을 옮기고 재빨리 방향을 전환한다 (사진 20~21).

(3) 방향 전환에서 왼발에 체중을 이동시키고 끌어 당긴 오른발을 다시 일으키고, 오른팔을 왼팔의 아래에서 뚫듯이 낸다 (사진 22).

(4) 오른발을 오른쪽 돌기가 되듯이 내디디고, 오른손을 상단에, 왼손을 하단에 준비하고, 점차로 양손을 벌리면서 원형보법으로 오른쪽 선전(旋転)을 한다 (사진 23~26).

(5) 왼쪽 돌기가 되도록 방향을 전환한다. 오른쪽 돌기의 역 운동이 된다 (사진 27~32).

27 28 29

황룡반신
(黃竜反身)

33 34

38 39

35 36 37

40 41 42

4 황룡반신(黃竜反身)

—— 신체를 용의 몸처럼 비틀어 옆에 추장(推掌)을 한다. 황룡(黃竜)·적룡(赤竜)·흑룡(黑竜)·백룡(白竜)의 네가지 형(形)이 있다.

(1) 상하 환장(換掌)에서의 방향 전환으로 양팔의 교차를 풀면서, 왼손은 윗쪽으로 올리고, 오른손은 아래로 내려 양 손바닥 안에 공을 안고, 상체를 용의 몸과 같이 비틀어 원진(円陣)의 안쪽에 대하여 선회(旋回)를 한다 (사진 33~38).

43

44

45

49

50

(2) 왼쪽 선회(旋回) 하는 오른쪽 발끝을 안쪽으로 향하고, 양팔을 서로 껴안아 교차시킨다 (사진 39).

(3) 양팔을 풀면서 역 돌기로 선회(旋回) 하고, 점차로 오른팔을 위로, 왼팔이 아래가 되도록 상체를 비틀듯이 구부리고, 둥근 물체를 옆에서 지탱하듯이 오른쪽 선회를 계속한다 (사진 40~48).

(4) 방향 전환을 위하여 앞발 발끝을 안쪽으로 구부리고, 양팔을 교차시킨다 (사진 49).

(5) 오른쪽 팔을 낼 때, 왼손은 아래로 하여 오른쪽 겨드랑이를 비스듬히 앞쪽으로 내고, 백사토신(白蛇吐信)의 형이 되도록 한다 (사진 50).

※ 지도의 포인트는 '횡추장(横推掌)'

46

47

48

백사토신 (白蛇吐信)

51

52

56

57

53 54 55

58 59 60

5 백사토신(白蛇吐信)

——반신(反身)하면서 숲속의 흰 뱀을 찾는다는 의미——

(1) 오른손의 수심(手心)은 바깥쪽에 비스듬히 앞쪽으로 내면서, 왼쪽 돌기로 전진한다 (사진 51).

(2) 양손을 아래로 벌리고, 지상에 있는 둥근 물체를 누르듯이 왼쪽 선전(旋轉)을 계속한다 (사진 52~53).

61

62

63

67

68

(3) 점차 양손을 원형(円形)의 중심에 대하여 왼팔을 위로, 오른팔을 아래로 하고,비스듬히 옆의 둥근 물체를 측면에서 밀듯이 왼쪽 선회(旋回)를 속행한다. 용형 팔괘로 변화한다 (사진 54~56).

(4) 왼발을 안쪽으로 향하고 양팔을 앞에서 교차시킨다 (사진 57).

(5) 교차시킨 양팔을 풀 때,오른쪽 팔꿈치로 쳐 내듯이 팔꿈치 치기를 한 다음,왼손을 왼쪽 앞으로 낸다 (사진 58~60).

(6) 왼손의 수심(手心)을 바깥쪽으로 손바닥을 뒤집고,점차 양손을 동일 폭으로 벌린다 (사진 61).

(7) 양손을 벌리고 역 방향 오른쪽 돌리기로 선전(旋転)을 한다 (사진 62~64).

64

65

66

(8) 왼쪽·오른쪽 용형 팔괘로 변화시킨다. 용형으로 변화시키지 않아도 좋다 (사진 65~67).

(9) 양 무릎을 붙이고, 양팔을 교차시키고 다음의 대붕전시(大鵬展翅)로의 준비 동작이 되도록 한다 (사진 68).

※ 지도의 포인트는 '반신탐장(反身探掌).'

대붕전시
(大鵬展翅)

69 70

74 75

71 72 73

76 77 78

6 대붕전시(大鵬展翅)

——한번 날면 구만리나 난다는 대붕(大鵬)이, 창공을 크게 유유하게 활공하면서 좌우로 번신(翻身)한다는 의미——

(1) 윗 넓적다리를 붙이고, 양팔을 깊이 모은다 (사진 69).

(2) 왼쪽 선전(旋転)을 하기 위하여 오른발을 내 디디면서, 양손은 점차로 옆으로 벌린다 (사진 70).

79 80 81

85 86 87

(3) 양팔을 크게 벌리면서 목은 원형의 방향으로 향한다 (사진 71～72).

(4) 오른손을 점차로 왼쪽 선전(旋転) 시키면서 하강시키고, 대붕(大鵬) (가공의 큰 새) 이 공중을 유유히 활공하는 것과 같이 돔 (사진·73～76).

(5) 오른발을 안쪽으로 양팔을 교차시키고, 오른쪽 선전(旋転) 하기 위하여 전환(転換) 체세(体勢) 가 되도록 한다 (사진 77～78).

(6) 왼발을 내 디디면서, 오른쪽으로 돌면서 양 겨드랑이를 크게 벌리고, 선전(旋転) 하는 자세를 취한다 (사진 79).

(7) 양팔을 크게 벌리면서 오른쪽 선전(旋転) 을 계속한다 (사진 80～83).

(8) 오른손을 점차로 아래로 내리면서, 계속 이어 선회(旋回) 를 계속한다 (사진 84～86).

82

83

84

88

(9) 양 팔꿈치를 구부리고 양팔도 교차시킨다 (사진 87).

(10) 다음의 백원헌도(白猿獻桃)의 준비 동작이 되기 위하여 오른발을 내디딘다 (사진 88).

※ 지도의 포인트는 '반신대벽(反身大劈)'.

백원헌도
(白猿献桃)

89　90

94　95

91 92 93

96 97 98

7 백원헌도(白猿献桃)

—— 하얀 원숭이가 양손으로 복숭아를 헌상하기 위하여 내미는 것, 사자가 큰 구슬을 안고 있는 모습이라는 뜻 ——

(1) 가슴 앞에서 양손으로 흰 원숭이가 복숭아를 헌상하듯이 조용히 내밀면서, 왼쪽 돌기로 걷는다 (사진 89~91).

(2) 양손을 점차로 벌리고, 큰 둥근 물체를 앞쪽에서 지탱하듯이 왼쪽 선회(旋

99 100 101

105 106

回) 시킨다 (사진 92~97).

(3) 양팔을 붙여 양손을 교차시키고, 오른쪽 돌기로 전환 준비를 한다 (사진 98).

(4) 왼발을 내 디디고 가슴 앞에서 양손을 내어 역 돌기를 한다 (사진 99~100).

(5) 황용(黃竜) 반신(反身)의 역으로, 바깥쪽으로 향하여 둥근 물체를 지탱하듯이 양손을 다시 일으킨다 (사진 101~104).

(6) 양손을 교차시키고, 다음 형으로의 준비 동작을 취한다 (사진 105~106).

102 103 104

8 팔선과해(八仙過海)

— 8명의 선인이 소용돌이 치는 큰 바다에서 배를 띄운다는 의미 —

(1) 팔선과해의 기법은 오행 연환권의 형과 마찬가지로, 8괘장에 정리되어 있는 기본 패턴을 자유자재로 연계시킨 것이다. 이 기법 중에는 전신(転身) 또는 선전(旋転), 차기, 찌르기 또는 반전(反転), 높게, 낮게, 그 변형은 변신·변환에 이르기까지 완급 자유의 기(技)가 포함되어 있다. 이 팔선과해(八仙過海)는 팔괘장의 비 전기로 되어있기 때문에, 팔선과해 및 그 응용 조형의 도해는 생략하겠다.

(2) 팔괘장의 기법은 현재 한국에서는 태극권만큼 보급되어 있지 않다. 그리고 또 모든 스포츠가 그런 것처럼 이 팔괘장에 관해서는 특히 구두(口頭)나 사진으로 보아서는 바르게 이해할 수 없다. 팔괘장의 기법은 체험 학습에 의해서만 터득할 수 있다. 이 책(本書)에 의하여 팔괘장에 흥미를 갖게된 독자는 좋은 스승에게 직접 지도를 받아 체득하도록 하는게 좋을 것이다.

3 팔괘장의 응용 조수(組手)

☆단환장(單換掌)

(1) 적(흰색 옷)은 오른쪽 주먹을 내찌르는 공격 자세를 취한다. 나(검은 색 옷)는 자연체(自然体)로 선다 (사진 1).

(2) 적은 크게 1보 전진해 들어온다. 동시에 왼쪽 주먹을 당기면서 오른쪽 주먹으로 안면을 겨냥하여 친다. 나는 적이 움직이는 것과 동시에 오른발을 전진시키면서, 오른손을 앞쪽으로 내고, 손바닥 안쪽으로 적의 손목을 누른다. 적은 오른팔을 강하게 당기고 왼쪽 주먹으로 타격을 가하려고 한다. 나는 오른쪽 손바닥을 왼쪽 뒤로 내리면서 왼발을 사진 3과 같이 전진시키고 동시에 왼손을 오른팔의 옆구리 아래에서 뚫듯이, 손바닥의 바깥쪽을 아래로 하여 내찌른다.

단환장 (單換掌)

1

2

3

6

7

그대로 적의 등 뒤에 양손을 돌리면서 돌려 넣는다 (사진 2～4).

(3) 적은 다시 공격을 하기 위하여 왼쪽 팔꿈치 치기로 공격을 하면서, 나의 등 뒤를 겨냥하여 돌려 넣으려고 한다. 나는 그것보다 먼저 작게 돌아 선회(旋回)하면서, 적의 왼쪽 팔꿈치 치기를 왼쪽 손바닥의 안쪽으로 누른다. 적은 오른발을 돌려 넣고, 오른쪽 주먹의 중단 찌르기로 친다. 나는 신체를 적의 움직임에 맞추어 왼손으로 그것을 누르는 것과 동시에 오른쪽 손바닥의 안쪽으로 적의 안면을 겨냥한다. 왼쪽 손바닥의 바깥쪽으로 적의 오른쪽 주먹을 기력(氣力)으로 제압하듯이 누르면서, 동시에 오른쪽 손바닥을 적의 심장을 향하여 친다 (사진 5～7).

(4) 적의 신체가 균형을 잃는 것과 함께 나는 왼쪽 주먹을 아래로 내리고, 적의 급소를 겨냥하여 손끝으로 왼쪽에서 퍼 올리듯이 친다. 적은 그것에 의해 반드시 쓰러진다 (사진 8～9).

4 5

8 9

쌍환장 (双換掌)

1

4

5

☆ 쌍환장(双換掌)

(1) 적(흰색 옷)은 왼쪽 주먹을 내 찌르는 공격의 자세를 취한다. 나 (검은색 옷)는 자연체(自然体)로 선다 (사진 1).

(2) 적은 왼발을 크게 내 디디면서 왼쪽 주먹으로 나의 얼굴을 친다. 나는 적의 움직임과 동시에 왼발을 전진하면서, 오른손 손가락 끝으로 적의 급소를 친다. 동시에 왼쪽 손바닥의 등으로 적의 왼팔(팔꿈치 보다 안쪽)을 누른다. 적은 공격이 빗나갔기 때문에, 왼쪽 주먹을 당겨 다시 오른쪽 주먹으로 연타한다. 나는 왼팔을 바깥쪽으로 되돌리 듯이 왼쪽 손바닥의 측면으로, 이것을 옆에서 받

2

3

6

7

는다. 오른손은 손가락 끝으로 다시 적의 급소를 친다. 적은 오른쪽 주먹을 당겨 왼쪽 주먹으로 연타한다. 나는 양팔을 왼손을 아래로 하여 교차시키고, 신체를 비틀면서 왼팔의 아래에서 왼쪽 손바닥을 뚫듯이 반전(反転) 시킨다 (사진 2 ~4).

(3) 나는 신체를 비틀면서 적의 왼팔을 왼쪽 손바닥을 사용하여 위로 눌러 올리듯이 당겨 올린다. 동시에 오른쪽 손바닥으로 적의 팔의 아래를 친다. 적은 허리를 왼쪽으로 비틀며 왼쪽 주먹을 당기고 오른쪽 주먹으로 타격하려고 한다. 나는 다시 오른손을 왼쪽 옆구리 아래에서 교차시키고, 왼쪽 손바닥은 찔러 올리는 적의 오른쪽 주먹을 위에서 손바닥 등으로 누른다. 양 손바닥을 안쪽으로 뒤집으면서, 양 손바닥을 사용하여 적의 오른팔을 누르고, 체중을 실어 오른쪽 주먹을 아래로 내린다 (사진 5 ~ 7).

8

9

(4) 나는 오른발을 전진하면서 오른쪽 손바닥의 안쪽으로 적의 심장을 친다. 그대로 적을 떨어뜨리면, 적을 반드시 쓰러뜨릴 수 있다 (사진 8～9).

☆상하환장(上下換掌)

● 1

(1) 왼쪽의 적(흰색 옷)은 왼쪽 주먹을 내 찌르며 공격 자세를 취한다. 오른쪽의 적(흰색 옷)은 왼발과 왼쪽 주먹을 앞으로 중단 찌르기 자세를 취한다. 나는(검은 옷) 오른쪽으로 향하여 자연체(自然体)로 선다 (사진 1).

(2) 오른쪽의 적은 오른발을 내 디디는 것과 동시에 오른쪽 주먹으로 친다. 나

2

3

는 왼발을 전진하며 왼쪽 주먹으로 오른쪽 적의 오른쪽 주먹을 기력(気力)으로 누른다. 동시에 오른쪽 손목의 등으로 적의 턱을 겨냥하여 아래에서 위쪽으로 친다. 거의 동시에 오른쪽 무릎도 높게 올려 오른쪽의 적을 쓰러뜨린다. 오른쪽 무릎은 크게 뒷쪽으로 내 디디고, 신체를 가능한 한 낮추어 선전(旋転)시킨다. 왼쪽의 적은 오른쪽 주먹으로 공격한다. 그 오른쪽 주먹 찌르기의 아래를 빠져 나가듯이 신체를 급속하게 이동시키고, 양손은 신체의 움직임 보다 선행시킨다. 선행시킨 오른손으로 적의 오른발의 무릎 관절 안쪽을 치고, 당겨 넣듯이 구부려 무너뜨린다 (사진 2～4).

상하환장 (上下換掌)

1

4

5

6

7

(3) 나는 신체의 급속 선전(旋転)과 함께 왼손은 오른쪽 옆구리 아래에서 깊이 교차시키고, 중심을 오른발에 실으면서 전체(転体)를 계속한다. 선전(旋転)의 이동법은 기본형과 같다. 나는 왼발을 뒤쪽에서 이동시키면서 오른발을 날려 적의 오른발을 아래에서 떠올리듯 한다. 동시에 왼손은 오른팔의 아래에서 뚫듯이 내고 적의 가슴 위로 올리고, 오른쪽 손바닥은 왼쪽의 적의 급소의 위치를 친다. 나의 체중을 그대로 맡기면, 적은 반드시 왼쪽으로 쓰러진다 (사진 5 ~7).

● 2

(1) 왼쪽의 적은 오른쪽 주먹을 내는 공격 자세를 취한다. 오른쪽 적은, 오른쪽 주먹을 앞에 중단 찌르는 자세를 취한다. 나는(검은 옷) 오른쪽을 향하여, 자연체로 선다 (사진 1).

(2) 오른쪽의 적은 1보 내 디디고, 왼쪽 옆 찌르기로 공격한다. 나는 동시에

2

3

오른쪽 무릎을 높게 올려 적의 급소를 무릎 머리로 치고, 오른쪽 손목은 구부려 적의 턱을 공격한다. 왼쪽의 적은 왼쪽 발을 내 디디고, 오른쪽 주먹으로 뒷머리 부분을 겨냥하여 나의 등 뒤로부터 공격한다. 나는 그것보다 한순간 빠르게 낮게 몸을 낮추면서 재빨리 선전(旋転)한다. 이 때 신체의 이동보다 선행하여 오른쪽 손바닥을 뒤집어 적의 급소를 친다. 나는 왼손을 오른팔의 옆구리 아래에서 뚫듯이 내린다. 왼쪽에서 오른쪽으로 비틀듯이 몸을 돌리면서 체중을 오른발로 이동시킨다 (사진 2～4).

상하환장 (上下換掌)

1

4

5

6

7

(3) 교차시킨 왼손을 뒤집으면서 뒷쪽의 오른발로 신체 이동하고, 적의 왼발을 아래에서 집어 올리듯이 한다. 나는 왼발을 위로 올리면서 왼손은 적의 목에 대면서 아래쪽으로 쓰러뜨리려 한다. 동시에 오른손 손바닥을 적의 급소에 대고, 오른손 손바닥을 그대로 앞쪽으로 내 민다. 적은 반드시 아래로 중심을 잃고 넘어져 버린다 (사진 5～8).

황용반신 (黄竜反身)

1

8

☆황용반신(黃竜反身)

(1) 적(흰색 옷)은 왼쪽 주먹 찌르기로 공격 자세를 취한다. 나는(검은 옷) 자연체(自然体)로 선다 (사진 1).

(2) 오른발을 내 디디면서 왼쪽 주먹을 당기고, 동시에 오른쪽 주먹으로 안면을 친다. 나는 전진하면서 신체를 용과 같이 비틀어 오른손을 왼쪽 옆구리 아래에서 뚫듯이 적의 오른팔을 위로 올리고, 왼쪽 주먹은 적의 가슴을 친다. 적은 오른쪽 주먹 공격이 실패했기 때문에, 오른쪽을 당겨 허리를 비틀며 왼쪽 주먹으로 공격한다. 나는 왼손을 오른쪽 옆구리 아래에서 교차시켜, 다음 적의 동작에 준비한다 (사진 2~3).

(3) 나의 왼발을 오른발에 당겨 붙이고, 적의 왼쪽 주먹 찌르기를 오른쪽 아래

2

3

4

5

에서 뚫듯이 뒤집어, 적의 왼팔을 위까지 당겨 올린다. 동시에 신체를 비틀어 오른쪽 손바닥은 적의 왼쪽 옆구리를 친다. 나의 왼발을 전진시키면서 왼손의 측면으로 왼쪽 방향으로 적의 신체를 돌리면, 적의 신체가 무너진다. 오른손의 손날로 잘라 내리며 앞쪽으로 던진다. 또는, 왼쪽 손바닥을 내려 급소를 치면서 비스듬히 앞쪽으로 누르면 적은 반드시 쓰러진다 (사진 4～6).

백사토신 (白蛇吐信)

1

6

☆ 백사토신(白蛇吐信)

(1) 적(흰색 옷)은 왼쪽 주먹을 내 찌르며 준비 자세를 취하고, 나는(검은 옷) 자연체(自然体)로 선다 (사진 1).

(2) 적은 오른발을 크게 내 디디며, 동시에 왼팔을 당기면서 오른쪽 주먹으로 안면을 공격한다. 나는 전진하여 오른손을 왼팔의 아래에서 교차시키고, 왼손으로 적의 오른쪽 주먹을 누른다. 적은 오른쪽 주먹을 당기고 왼발로 차 넣는다. 나는 양손을 벌리고 왼손을 아래에서 떠 올리듯이 뒤집어 적의 왼발을 들어 올린다 (사진 2～3).

(3) 나는 적의 뒷쪽으로 돌아 들어가 왼손으로 적의 발을 펴듯이 내린다. 동시

2

3

4

5

에 오른쪽 손바닥을 미끌어 넣어 적의 급소를 잡는다. 급소에 댄 오른손의 팔꿈치를 복부로 당겨 되돌린다. 왼손은 적의 왼발을 위로 크게 원을 그리듯이 돌린다. 동시에 왼발을 적의 안쪽으로 내 디디면, 적은 몸의 자세가 흐트러져 왼쪽 비스듬히 뒷쪽으로 반드시 쓰러진다 (사진 4 ~ 5).

☆대붕전시(大鵬展翅)

(1) 적(흰색 옷)은 왼쪽 주먹을 내찌른 자세로 준비한다. 나는(검은 옷) 자연체(自然体)로 선다 (사진 1).

(2) 적은 오른발을 크게 내 디디면서, 동시에 왼쪽 팔꿈치를 당기며 오른손으

2

로 공격한다. 나는 왼발을 전진하면서, 양팔을 대붕(大鵬 : 가공의 큰 새)과 같이 넓은 하늘을 날개를 벌려 활공하듯이 양손을 벌리고, 적의 오른쪽 팔의 위에서 누른다. 적은 오른쪽 주먹을 당기고 왼발을 돌려 넣으며 왼쪽 주먹으로 다시 공격한다. 나는 왼팔을 내려 오른팔로 바꾸고, 발을 바꾸어 디딘다. 오른쪽 손바닥은 적의 가슴을 친다. 나는 오른쪽 뒤에서 신체를 비틀어 적을 뒷쪽으로 쓰러뜨린다. 움직임은 기본형인 대붕전시(大鵬展翅)와 같다 (사진 2～4).

대붕전시(大鵬展翅)

1

3

4

백원헌도
(白猿献桃)

1

4

5

☆백원헌도(白猿献桃)

(1) 적(흰색 옷)은 왼쪽 주먹을 내찌른 준비 자세를 취한다. 나는(검은 옷) 자연체(自然体)로 선다 (사진 1).

(2) 적은 오른발을 크게 내디디고, 동시에 오른쪽 주먹으로 안면을 친다. 나는 이 타격을 피하기 위하여 사진·2와 같은 자세로 양 손바닥을 붙여 가슴 근처에서 공을 캣치하듯이 잡는다. 신체를 오른쪽 방향으로 비틀어 적의 오른쪽 주먹을 아래로 내린다. 적의 오른쪽 주먹을 비틀면서 오른쪽 주먹을 어깨에 메어 올리고, 신체를 단단히 신체에 붙이도록 하여 적의 오른팔을 더욱 아래로 내린다 (사진 2～4).

(3) 적의 오른팔은 역 관절이 되게 주먹의 겉을 단단히 고정하도록 양손으로

2

3

6

7

잡는다. 사진 6과 같이 더욱 깊게 머리를 숙이고 적의 오른쪽 주먹을 당겨 넣는다. 적은 반드시 앞으로 쓰러진다 (사진 5～7).

▲ 여자곤무

▲ 여자집체검

중국 소년 무술 단체의 연무

중국의 전통 스포츠 중에서도 많은 애호가를 확보하고 있는 것이 중국 전통 고 무술이다.

1974년 9월, 중국 산업전의 개최를 기념하기 위하여 한국에 왔던 중국 소년 무술 대표 선수단에 의해 중국의 전통 무술이 우리 나라에서 공개되었다. 선수단은 9세에서 20세까지의 남녀 40명이 일행이었다.

우리 나라에서의 연무의 구성은 각종 권법을 비롯하여 도술(刀術)·검술(劍術)·곤술(棍術)·창술(槍術) 등의 무기를 사용한 것이다. 이 무술·체조·곡기(曲技)·중국 무도 등을 종합화한, 중국 소년 무술단의 새로운 스포츠 예술은 우리 나라에서 공개되어 호평을 받았다.

이 책(本書)에 수록한 사진(p. 11～13 및 p. 182)은 해외에서 공연된 종목 중 그 대표적인 것이다. 중국에 있어서 각종의 무술을 이해하는데 참조가 되었으면 한다.

제5장 응용무기편

1. 태극 권법의 기법의 예

(1) 검과 쌍검

비단과 같이 부드럽게 움직이는 태극 권법은 대중적인 보건 체조로써 오늘날 일반적으로 인식되어 있다. 그 태극 권법이 내가(內家) 권법에 소속되어 있는 것에 대해서는 이제까지 반복하여 서술했다. 그러나 보급되어 정착된 태극 권법의 실상은 의외로 알려져 있지 않다. 즉, 태극권을 시작으로 하는 내가(內家) 권법은 각종 무기(검·칼·곤(棍)·창)를 합리적으로 간략화한 편성 방법으로 습득한다. 그러나 그 권법 습득이 기초 기법으로 되어 있는 것을 알고 있는 사람은 의외로 적다.

예를 들면 태극권법은 외가(外家) 권법과는 달리 주먹을 단단히 쥐는 듯한 기법이 아닌 손바닥을 벌린 권법이며, 권법의 조법(操法)이 그대로 도검(刀劍)의 조법이 되는 것이 특색이다. 그리고 좌우의 손을 동시에 움직이는 것은 무기를 가진 때의 동작에 필요한 것으로, 검과 칼과 막대기를 원활하게 실시할 수 있다.

또 태극권법은 무기 습득을 위한 '초급 코스'에 해당한다. 그리고 태극 권법의 '중급 코스'는 태극 권법·태극 도법·태극 곤법·태극 창법 등의 무기 조작을 연습한다. 이 연습의 목적은 검법=천천히, 도법(刀法)=빠르게, 곤법(棍法)=힘을 양성한다. 등이다. 또 '최종 코스'에서는 태극 쌍창법·태극 쌍도법·태극 쌍검법 등을 익힌다.

☆ ☆ ☆

검법의 이합(理合)에 대하여, '검을 둘 때는 손잡이를 위로 수평하게 두어, 검이 쓰러졌을 때에 그것에 스치면 잘리거나, 찔리게 된다.' 라고 일컬어지고 있듯이 검에는 천지 자연에 준비하는 능력이 있다. 따라서 검을 조작 운용하는 목적은 검이 갖는 천성에 따라 효과적으로 활용하는 데에 있다. 그 때문에 검의 조작법은 천지 자연의 순리에 따라 다음의 기본 자세로 실시한다.

(2) 단검 (単剣) 의 기법

刺(자) : 검으로 찌른다.
전(剪) : 검 끝에 힘을 부가한다.
劈(벽) : 검신(剣身) 으로 위에서 꺾어 내린다.
斫(석) : 칼날로 좌우의 피육(皮肉) 을 잘라 낸다.
撩(료) : 검신으로 위에서 누른다.
挑(조) : 검의 봉(鋒) 으로 아래에서 위로 정복한다.
錯(석) : 적의 무기를 비스듬히 아래로 떨어뜨린다.
衝(충) : 검신(剣身) 을 내리고 직행하듯이 양손으로 찌른다.
攔(란) : 검신으로 좌우 비스듬히 뿌리친다.
棚(붕) : 검봉(剣鋒) 으로 아래에서 밀어 올리듯이 받는다.
挂(괘) : 검신으로 비스듬히 뒤로 향하여 공격을 피한다.
托(택) : 검신을 아래로 하고 검을 옆으로 제상(提上) 하여 받는다.
絞(교) : 검신을 비스듬히 위로 향하고 좌우 비스듬히 돌리면서 조인다.
束(속) : 검의 날을 위로 후퇴하면서 검신을 연속하여 내 찌르고, 속(束)이 된 검날 공격을 한다.
雲(운) : 검신을 위로 향하고 왼쪽 또는 오른쪽으로 흡사 구름이 공중을 떠돌듯이 천천히 선전(旋転) 시킨다.

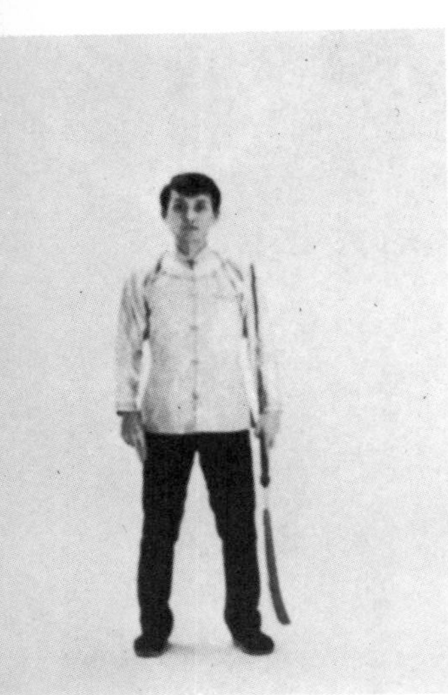

1 (기세)

2

3

☆기세(起勢) : 준비 동작

(1) 양발을 어깨 넓이로 벌리고 발끝과 눈은 앞을 향한다. 등 줄기를 똑바로 펴고 턱을 당기고 왼손에 검을 들고 어깨의 힘을 뺀다. 검을 잡는 방법은, 칼의 날밑을 들고 인지를 펴고, 사진 1과 같이 왼쪽 팔꿈치의 안쪽으로 검끝을 위로 뒤 들기로 세워 든다. 항략식(項略式).

(2) 양손을 어깨 높이까지 조용히 앞쪽으로 올린다. 이 때 수심(手心)은 아래로 향하고, 눈은 앞을 보면서 동작을 한다.

(3) 사진 2의 점선 방향에 맞추어 체중을 오른발로 옮기면서, 오른쪽 방향으로 돌린 자세에서 검을 든 왼손은 오른쪽으로 조용히 올리고, 왼쪽 손바닥을 아래로 내린다. 사진 3의 점선의 흐름에 따라, 검을 든 왼손은 아래에서 사진 4의 위치까지 신체를 회전시키면서 왼발을 왼쪽으로 내 디디고, 발이 활 모양이 될 때까지 체중을 싣는다. 이 때의 검은 왼쪽 어깨의 뒤에 세우고 검끝은 위가 되도록 한다. 동시에 오른손은 사진 3의 위의 점선과 같이 귀의 옆을 통과하여 수심(手心)을 위로 하여, 지검(指劍)을 앞쪽으로 낸다. 눈은 오른쪽 지검(指劍)의 방향을 본다.

(4) 왼쪽 검을 사진 4의 위 점선에 따라 검은 앞으로, 검끝은 팔과 어깨에 붙인 자세로 왼쪽 주먹(왼쪽 검)을 낸다. 동시에 신체를 오른쪽으로 돌리면서, 오른손은 사진 4 위의 점선에 따라 위쪽으로 반원으로 이동시키면서, 오른쪽 뒤로 향한다 (수심(手心)은 아래로 한다). 오른발은 사진 5와 같이 앞 옆으로 전진시킨다. 이 때, 오른쪽 발끝은 앞의 바깥쪽으로 향하도록 하고, 양 넓적다

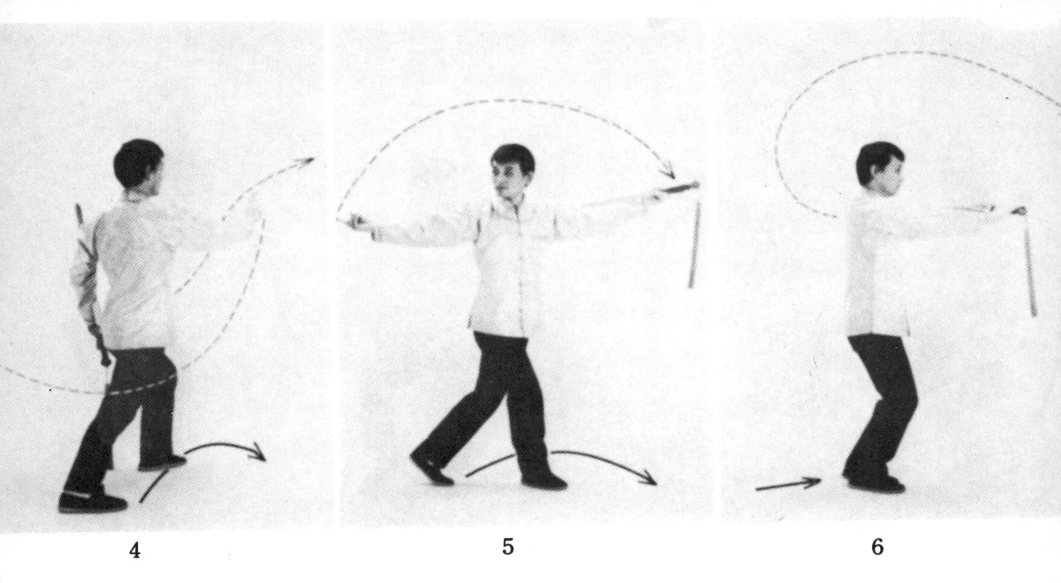

4　　　　　　5　　　　　　6

리와 양 무릎 부분을 구부리면서 왼발의 뒤꿈치를 띄운다. 눈의 방향은 오른쪽 앞을 본다.

(5) 왼발을 앞쪽으로 땅을 미끄러지듯이 전진하면서, 사진 6과 같이 활 모양이 되도록 한다. 동시에 신체를 왼쪽 방향으로 이동시키면서 오른쪽 지검(指劍)은 사진 5와 같이 윗쪽에서 반원을 그려 위에서 손을 합치도록 한다. 눈은 양 손을 내는 방향을 본다.

7 (접검식)

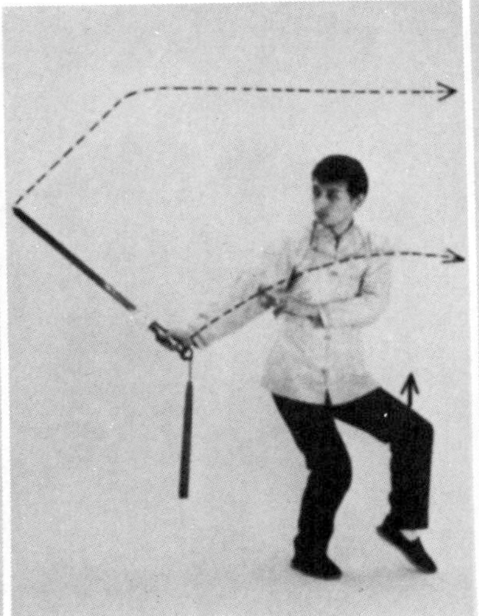
8 (독립반자)

9

1 접검식(接劍式)

● 검을 쥔 왼손 인지를 왼쪽으로 이동시킨다. 오른손은 검을 누르고 왼발을 전진시키면서 사진 6과 같이 양발을 모은다. 검끝을 뒤쪽에서 앞쪽으로 점선과 같이 선회(旋回)시키고, 사진 7의 자세가 되도록 한다. 왼손의 검을 오른손으로 바꾸어 쥐고, 발을 구부려 검끝을 튕기듯이 찌른 다음, 오른발을 뒷쪽으로 1보 피하고, 사진 7의 자세를 취한다. 눈은 검끝을 본다.

2 독립반자(独立反刺)

(1) 신체의 중심을 오른발에 이동시킨 다음, 오른손의 검은 사진 7의 점선을 따라 뒷쪽으로 반전(反転)시키고, 사진 8과 같이 오른쪽 어깨 옆에 멈춘다. 이 때 검끝은 비스듬히 위쪽에 두고 눈은 검끝을 본다.

(2) 상체를 오른쪽으로 돌리면서 오른쪽 검은, 사진 8의 점선을 따라 뒷쪽 위에서 사진 9의 자세가 되도록 검을 앞쪽으로 내민다. 왼손의 지검(指劍)은 왼쪽 앞으로 내 찌른다. 이 때 엄지는 아래로 향하고 오른쪽 검은 팔을 비틀어 뒤집듯이 세운다. 동시에 왼쪽 무릎은 허리의 높이까지 올리고, 눈은 검이 가리키는 쪽을 본다.

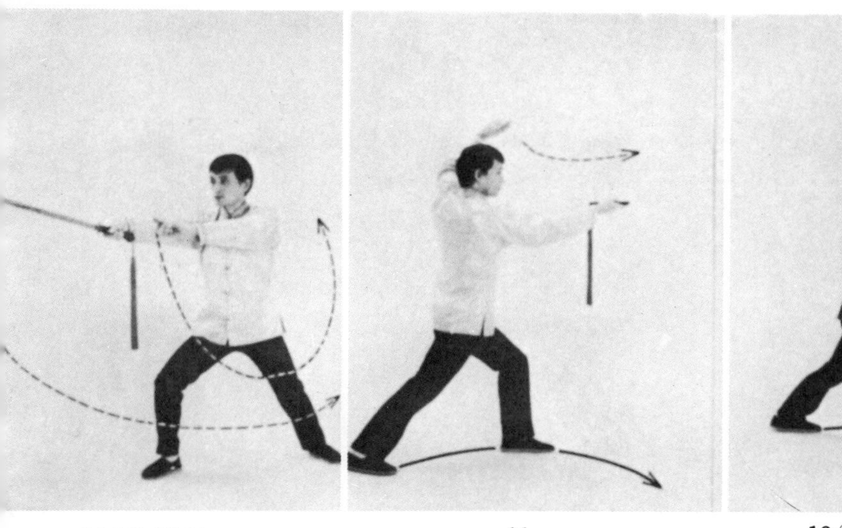

10 (도보횡소)　　11　　12 (향우평대)

3 도보횡소(倒步橫掃)

(1) 상체를 오른쪽으로 돌리면서 오른쪽 검은 사진 9의 점선을 따라 오른쪽 어깨 아래로 내리고, 검은 오른쪽 어깨의 방향으로 똑바로 편다. 동시에 오른쪽 무릎을 오른쪽 앞으로 구부리고 사진 10의 자세를 취한다.

(2) 신체를 왼쪽으로 돌리면서 검은 사진 10의 점선을 따라 뒤집듯이 왼쪽으로 전진시키고, 왼손은 검의 움직임보다 조금 아래쪽을 이동시켜 똑바로 편다. 수심(手心)은 아래로 향한다. 사진 11의 자세에서 중심을 실어 앞으로 활 모양을 취한다. 눈은 검끝을 본다.

4 향우평대(向右平帶)

● 사진의 화살표 방향으로 오른발을 전진시키고 체중을 오른쪽으로 이동시키키고, 사진 12의 자세와 같이 활 모양이 되도록 한다. 동시에 왼손을 사진 11 그림 위의 점선을 따라 이동시키고, 체중을 실을 자세로 검은 비스듬히 하고, 검끝을 조금 높게 한다. 눈은 검끝을 본다.

13(향좌평대)

14(독립론벽)

15

5 향좌평대(向左平帯)

●사진 12에서 오른손의 검을 천천히 뒤집고 윗쪽 좌측 비스듬히 낸다. 왼발을 사진 12의 화살표 방향으로 전진하면서, 왼손(지검(指剣))을 머리 위로 올리고 신체는 앞으로 향하며 눈은 검 끝을 본다.

6 독립론벽(独立掄劈)

(1) 오른발을 사진 13의 화살표를 따라 이동하고, 왼손은 머리 위에서 사진 13의 점선을 따라 오른쪽 팔 부분까지 떨어뜨려 검을 잡는다. 사진 14의 자세가 되도록 한다.

(2) 오른손의 검은 사진 14의 점선의 이동에 따라 왼쪽 아래보다 뒤쪽으로 흔들고 사진 15의 자세가 되도록 한다.

(3) 사진 15의 화살표를 따라 오른발을 앞으로 1보 내 디딘다. 오른쪽 검도 점선의 이동에 따라 위쪽에서 검끝을 이동시켜 사진 16의 자세가 되도록 한다. 동시에 왼발을 높게 올리고 왼손을 왼쪽 뒤로 올린다. 눈은 검끝을 본다.

16 (퇴보회추)

17 (독립상자)

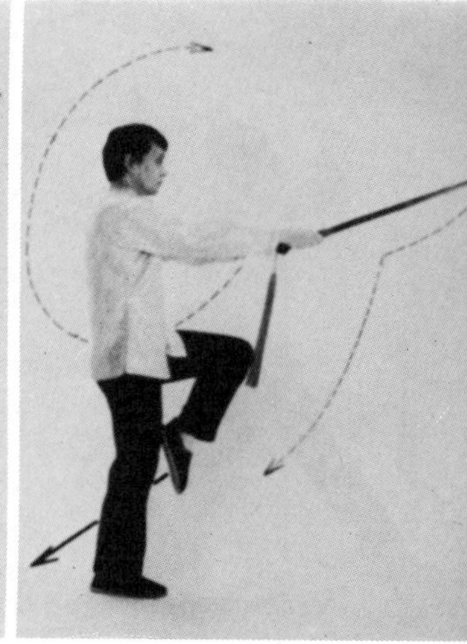

18

7 퇴보회추(退步回抽)

● 왼쪽 넓적다리를 사진 16의 화살표를 따라 뒷쪽으로 크게 내리고 오른쪽 발은 반보 내린다. 오른쪽 발끝을 땅에 조금 붙여 허보(虛步)가 되도록 한다. 동시에 오른손의 검이 쉽게 움직일 수 있도록 검의 손잡이를 잡는다. 검끝은 비스듬히 윗쪽으로 향하고 왼손을 아래로 내리고 검의 손잡이는 위로 한다. 눈은 검끝을 본다 (사진 16).

8 독립상자(独立上刺)

● 오른쪽 발을 사진 17의 화살표를 따라 1보 내디뎌 체중을 오른발에 싣고, 왼발을 사진 18의 자세로 다시 일어난다. 동시에 오른손의 검은 점선을 따라 앞으로 찌른다. 이 때 수심(手心)은 위로 향하고 검족(劍足)은 눈보다 높게, 왼손은 오른손 팔 부분에 붙이고 눈은 검끝을 본다.

19 (퇴보하절)

20 (좌궁보자)

21

9 퇴보하절(退步下截)

● 왼발은 사진 18의 화살표 방향을 따라 뒷쪽으로 내리고 동시에 오른손의 검은 사진의 점선을 따라 아래로 회수(回収) 하고, 사진 19의 자세를 취한다. 왼손은 뒷쪽에서 사진 18의 점선을 따라 왼쪽 앞으로 올리고 눈은 손앞을 본다.

10 좌궁보자(左弓步刺)

(1) 오른발을 사진 19의 화살표를 따라 뒷쪽으로 1보 후퇴한다. 오른쪽 검은 당겨 올리듯이 하여 사진 20의 자세로 검을 정 옆으로 준비하고, 동시에 신체를 왼쪽으로 이동시키고, 사진 20의 왼쪽 궁보(弓步)의 자세를 취한다. 동시에 오른쪽 손의 검을 사진 19의 점선을 따라 올리고 왼쪽 팔 부분에 댄다.

(2) 다시 오른쪽 검은 사진 20의 점선을 따라 검끝을 감아 넣듯이 비틀어 왼쪽 앞으로 내 찌른다. 동시에 왼손은 배 앞에서 왼쪽 머리 위로 올리고 중심을 왼발로 이동시키고 사진 21의 왼쪽 궁보(弓步)의 자세가 되도록 한다. 눈은 검끝을 본다.

22 (전신사대)

23 (축신사대)

24

11 전신사대(転身斜帯)

(1) 오른발을 사진 21의 화살로 전진시키고, 왼발에 체중을 실어 사진 22와 같이 오른발을 올린다. 동시에 왼손 및 오른손 검을 점선을 따라 검이 왼쪽 팔의 위가 되도록 팔 앞에 회수(回収) 한다.

(2) 오른발을 사진 22의 화살표 방향으로 내 디디고, 체중을 이동시키면서 오른쪽 방향으로 바꾸고, 사진 23의 오른쪽 궁보(弓歩) 자세를 취한다. 동시에 오른손의 검은 점선을 따라 왼쪽 방향으로 이동시키고 사진 23의 자세를 취한다. 왼손은 수심(手心)을 아래로 하여 오른손 손목에 겹치고 눈은 검끝을 본다.

12 축신사대(縮身斜帯)

● 왼발을 한 번 다시 올리고 다시 본래의 위치로 되돌린다. 체중을 천천히 왼쪽 넓적다리로 이동하고, 오른발을 사진 23의 화살표를 따라 왼발에 가까이 하여 사진 24의 자세를 취한다. 동시에 오른손의 검은 오른쪽 앞에서 사진 23의 점선에 따라 사진 24의 위치까지 검끝을 조금 높게, 오른손 수심(手心)은 위가 되도록 반립(反立) 시킨다. 왼손은 오른팔 부분과 평행하도록 하고 눈은 검끝을 본다.

25 (제슬봉검)

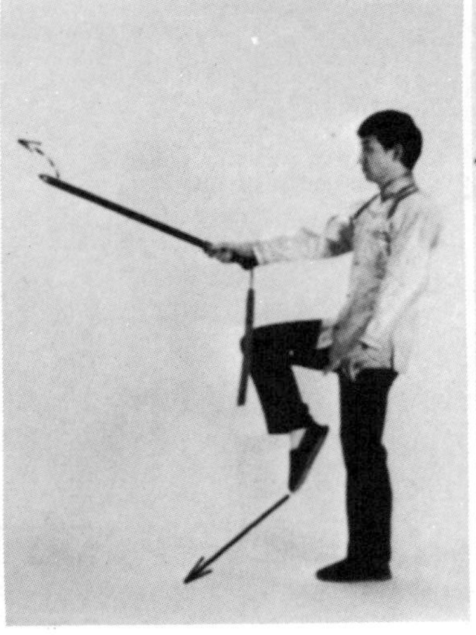
26

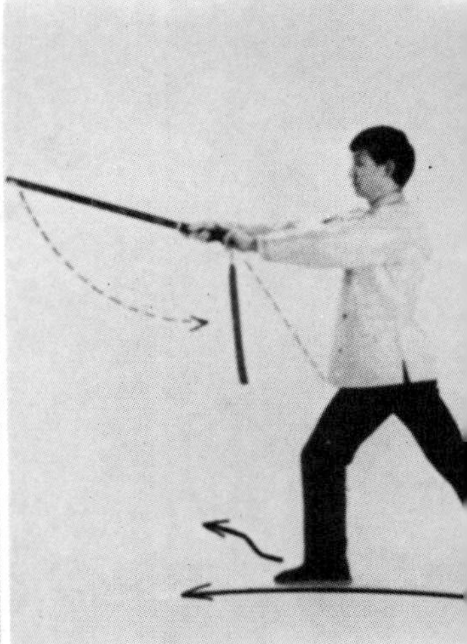
27 (도보평자)

13 제슬봉검(提膝捧剣)

(1) 오른발을 사진 24의 화살표 방향으로 내리고 왼발은 조금 당겨 뒤꿈치를 올려 발끝만을 착지시킨다. 동시에 검의 날을 점선을 따라 비틀듯이 되돌리고,오른쪽 검과 왼쪽 손을 사진 25와 같이 내 찌르는 자세를 취한다. 이 때 양수심(手心)은 아래로 향하고,검의 날은 신체의 오른쪽에 비스듬히 둔다.

(2) 왼발을 사진 25의 화살표 방향으로 미끄러지듯이 낸다. 체중을 왼발에 실으면서 오른발은 다시 일으킨다. 동시에 검을 가슴 근처로 한번 당겨 붙이고,오른쪽 검을 수평하게 하여 찔러 사진 26의 자세를 취한다. 눈은 검끝 앞쪽을 본다.

14 도보평자(跳步平刺)

(1) 다시 일으킨 오른발을 사진 26의 화살표에 따라 앞쪽으로 내리고, 체중을 오른발에 실으면서 사진 27의 자세를 취한다.

(2) 오른발을 사진 27의 화살표와 같이 1보 내 디디고, 오른쪽 검은 오른쪽 허리 근처까지 끌어 당기고, 왼손은 수심(手心)을 아래로 하여 왼쪽(허리) 으로 내린다. 동시에 오른발을 당겨 올리고 사진 28의 자세를 취한다.

28

29

30 (좌허보료)

(3) 오른발을 사진 28의 화살표를 따라 1보 내 디디어 체중을 싣고, 오른쪽 검은 앞으로 향하여 한쪽손 찌르기로 평행하게 낸다. 왼손은 점선과 같이 뒷쪽에서 들어 올리고, 수심(手心)은 아래로 한다.

15 좌허보료(左虛步撩)

(1) 왼손을 사진 29의 점선을 따라 내리고, 왼발에 체중을 이동시키면서 신체를 왼쪽으로 돌린다. 오른발을 사진 29의 화살표 방향에 따라 왼발 가까이로 회수(回收) 시킨다. 오른쪽 검은 신체의 전회(転回)에 따라 점선과 같이 이동하여 사진 30의 자세를 취한다.

(2) 왼발을 사진 30의 화살표 방향을 따라 내디디고, 오른발도 이어서 내디딘다. 오른쪽 검은 왼쪽 비스듬히 윗쪽에서 사진 30의 점선에 따라 이동하고, 아래쪽에서 위쪽으로 사진 31의 자세를 취한다. 오른손의 손등을 손 앞으로 하고 손목을 비틀듯이 하여 검끝은 낮추고, 왼손은 오른팔의 아래에 (수심(手心)은 위로) 붙이고 눈은 앞을 본다.

31　　32(우궁보료)　　33(전신회추)

16 우궁보료(右弓步撩)

● 사진 31의 점선에 따라 검을 위쪽으로 크게 회전시키고, 동시에 오른발을 화살표 방향으로 1보 전진시키고, 앞으로 구부리면서 위쪽에서 둥글게 회전시킨 검끝을 아래에서 비틀어 올리듯이 내 찌르고, 사진 32의 자세를 취한다. 그 때 수심(手心)은 위가 된다. 동시에 왼손은 왼쪽 위 뒷쪽으로 올린다.

17 전신회추(転身回抽)

(1) 신체를 왼발에 조용히 이동시키고 사진 32의 왼쪽 궁보(弓步) 자세를 취한다. 동시에 오른쪽 검은 왼쪽 얼굴 측면까지 당겨 붙인다. 왼손은 오른쪽 팔 부분에 붙이고 칼날은 평행하게 한다.

(2) 검의 손잡이는 손 근처로 회전시키도록 하고 사진 33의 점선을 따라 허리를 비틀면서 검끝을 앞쪽으로 쳐 넣듯이 낸다. 이 때 왼손은 오른쪽 팔 부분에 대고 사진 34의 자세를 취한다.

(3) 왼발을 사진 34의 화살표와 같이 뒷쪽으로 회수(回収)하고 뒤꿈치를 올리고 좌허보(左虚步)한다. 동시에 오른쪽 검은 사진 34의 점선에 따라 회수(回収)하고, 검끝을 낮추고, 신체를 왼쪽 방향으로 돌리고, 왼손은 왼쪽 가슴 앞으로 내어 사진 35의 자세를 취한다. 눈은 왼쪽 지검(指剣)을 본다.

34

35

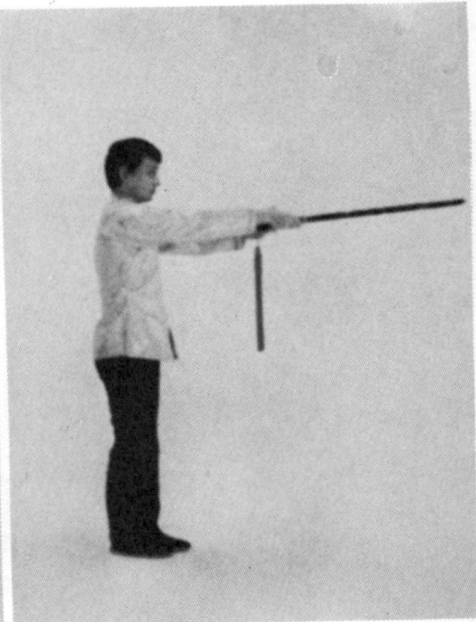
36(병보평자)

18 병보평자(並步平刺)

● 오른발을 사진 35의 화살표 방향으로 전진시키어 왼발과 나란히 하고, 동시에 양손을 마주하여 칼날을 평행하게 하고, 앞쪽으로 찌르고, 사진 36의 자세를 취한다. 눈은 앞쪽을 본다.

37 (좌궁보란)

38

39 (우궁보란)

19 좌궁보란(左弓步攔)

(1) 오른쪽 팔꿈치를 오른쪽 가슴 앞으로 당겨 붙이고 손잡이를 가져 간다. 수심(手心)은 아래로, 검끝은 비스듬히 위쪽으로, 왼손은 사진 37의 자세를 취한다.

(2) 왼발을 사진 37의 화살표 방향으로 내디디고, 동시에 오른손의 수심(手心)을 아래에서 뒤집어 앞쪽으로 손잡이를 밀어낸다. 검끝은 사진 37의 점선의 움직임에 따라, 왼손은 아래에서 왼쪽 뒤 윗쪽까지 올려서 사진 38의 자세를 취한다. 눈은 앞을 본다.

20 우궁보란(右弓步攔)

● 체중을 오른쪽 뒷발에 조금 싣고 왼발을 밖으로 향하고 왼쪽으로 신체를 비틀면서 오른발을 사진 38의 화살표를 따라서 1보 내디딘다. 동시에 오른쪽 검은 왼쪽 측면 뒷쪽을 아래에서 뒤집어 사진 39의 자세를 취한다. 왼손은 오른팔에 붙이고 수심(手心)은 밖으로 향하고 눈은 앞을 본다.

40 (좌궁보란)

41 (진보반자)

42

21 좌궁보란(左弓步攔)

● 사진 39와 사진 40은 왼발을 1보 내디디고 우궁보란(右弓步攔)의 반대의 형이 되므로 설명은 생략한다.

22 진보반자(進步反刺)

(1) 오른발을 사진 40의 화살표를 따라 1보 앞의 옆으로 내디디어 무릎을 구부리고, 동시에 신체를 오른쪽 뒤로 돌리면서, 오른쪽 검을 오른쪽 어깨 앞 방향으로 찌른다. 왼손은 왼쪽으로 내고 양손을 크게 벌리고 사진 41의 자세를 취한다. 눈은 앞을 본다.

(2) 왼발을 오른발 뒷쪽에서 사진 41의 화살표를 따라 전진시키고 왼쪽 궁보(弓步)가 되도록 한다. 동시에 오른쪽 검은 사진 41의 점선에 따라 오른쪽 위 앞쪽으로 내 찌른다. 수심(手心)은 밖으로 향한다. 검의 날은 세워서 뒤집는다. 왼손은 오른팔 부분에 대고, 눈은 검끝을 본다.

43 (반신회벽)

44 (허보점검)

45 (독립평탁)

23 반신회벽(反身回劈)

● 사진 42의 화살표 방향에 따라 발끝의 방향을 바꾸고 신체를 오른쪽으로 돌리고, 오른발에 체중을 싣고 오른쪽 궁보(弓步)가 되도록 한다. 동시에 오른쪽 검을 위에서 회전시켜 사진 43의 자세를 취하고, 오른쪽 앞을 찌른다. 이 때 왼손은 왼쪽 위 뒷쪽으로 올리고 수심(手心)은 위로 한다. 눈은 검끝을 본다.

24 허보점검(虛步点剣)

● 왼발을 다시 한 번 일으키고, 다시 내려 사진 43의 화살표를 따라 발끝은 왼쪽 밖으로 향하여 바꾼다. 동시에 칼 손잡이는 안쪽으로 돌리고 왼손은 얼굴 앞을 지나 오른쪽 팔에 붙이고 사진 44의 자세를 취한다. 눈은 앞쪽을 본다.

25 독립평탁(独立平托)

● 신체의 방향을 오른쪽으로 돌리면서, 왼발을 다시 일으키고 오른쪽 검은

46 (궁보괘벽)

47

48 (허보론벽)

전체(転体)와 동시에 사진 44의 점선의 이동에 따라 아래쪽 방향에서 탁기(托起)시키고, 검의 손잡이를 오른쪽 머리 위에, 검끝은 왼쪽, 왼손은 오른쪽 팔에 대고 사진 45의 자세를 취한다. 눈은 앞을 본다.

26 궁보괘벽(弓步挂劈)

(1) 상체를 왼쪽으로 돌리면서 사진 45의 화살표 방향으로 다시 일으켜 왼발을 앞의 옆쪽으로 내리고, 동시에 검끝을 아래에서 퍼 올리듯이 왼쪽 뒤로 찌르고, 양발을 조금 구부리고 사진 46의 자세를 취한다.

(2) 오른쪽 검의 움직임은 사진 46의 점선 부분을 지나서 사진 47의 오른쪽 한손 찌르기 자세가 되도록, 오른발을 화살을 따라 1보 내 디뎌 궁보(弓步)가 되도록 한다. 검의 날은 평행하게 찌른다. 왼손은 왼쪽 뒤로 올리고 수심(手心)은 위로 향한다. 눈은 검끝을 본다.

27 허보론벽(虛步掄劈)

(1) 양 발끝을 오른쪽 방향으로 급각도 돌리고, 동시에 그 반동을 이용하여 오른쪽 검은 오른쪽 몸쪽의 뒤로 크게 흔들듯이 이동시키고, 상체를 오른쪽으로 돌려 사진 48의 자세를 취한다. 지검(指劍)은 오른쪽 어깨 앞까지 흔들어 내린

49

50(철보반격)

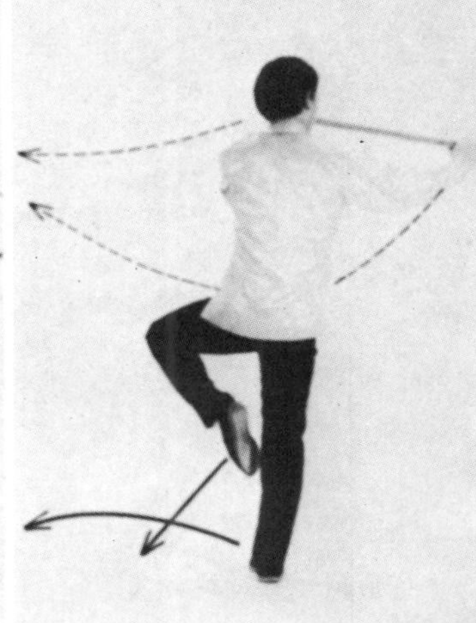
51(진보평자)

다.

(2) 왼발을 사진 48의 화살표 방향으로 전진시킨 다음, 오른발도 1보 앞으로 전진한다. 동시에 오른쪽 검은 머리 위를 넘어 둥글게 왼쪽 앞으로 이동시키고, 사진 49의 자세를 취하고, 검끝은 낮추고 오른쪽 발 앞, 앞쪽으로 찌른다. 왼손은 아래로 떨어뜨린 오른쪽 어깨의 안쪽에 붙이고 눈은 앞쪽을 본다.

28 철보반격(撤步反擊)

● 오른발을 사진 49의 화살표 방향으로 1보 내 디디고 오른쪽 궁보(弓步)가 되도록 한다. 동시에 오른쪽 검을 점선을 따라 뒤쪽 비스듬히 위로 내 찌르고 사진 50의 자세를 취한다. 검 끝은 높게, 수심(手心)은 위로, 왼손은 왼쪽 어깨 아래로 당기듯이 내고 눈은 검끝을 본다.

29 진보평자(進步平刺)

(1) 오른쪽 발끝을 조금 안쪽으로 향하고 체중을 오른발에 싣고 왼발을 사진 50의 화살표 방향으로 다시 일으킨다. 오른쪽 검을 점선을 따라 안쪽으로 제치고, 오른손 손목이 오른쪽 방향으로 당겨 펴지도록 하고, 검끝을 가슴 앞으로 가져 간다. 왼손은 점선을 따라 신체의 앞 오른쪽 어깨의 한쪽으로 받들어 사진

52

53 (정보회대)

54 (선전평말)

51의 자세가 되도록 한다. 눈은 비스듬히 오른쪽 앞을 본다.

(2) 다시 일으킨 왼발을 사진 51의 화살표 방향으로 반보 전진하고, 오른발은 왼발 앞을 통과하여 크게 내 디딘다. 윗몸을 오른쪽 방향으로 돌리면서 사진 52의 오른쪽 궁보(弓步)의 자세를 취한다. 동시에 오른쪽 검을 오른쪽 어깨 위 앞으로 내 찌른다. 수심(手心)은 위로, 왼손은 다시 윗쪽으로 올리고, 눈은 검끝을 본다.

30 정보회대(丁步回帯)

● 오른발을 사진 52의 화살표가 가리키는 뒤쪽으로 돌리고, 왼발의 안쪽으로 올려 허보(虛步)가 되도록 한다. 동시에 오른쪽 검은 팔꿈치를 구부려 사진 53의 점선을 따라 검을 당겨 붙이도록 하고, 왼쪽 허리까지 회수(回収) 한다. 왼손은 칼의 손잡이를 위로 하고, 눈은 검끝을 본다.

31 선전평말(旋転平抹)

(1) 오른발을 사진 53의 화살표를 따라 오른쪽으로 돌리고, 오른쪽 검은 점선을 따라 검끝을 비스듬히 왼쪽 위로, 손잡이를 오른쪽 앞으로 낸다. 수심(手心)

55

56

57 (궁보직자)

을 아래로 하고 눈은 검끝을 본다. 사진 54의 자세를 취한다.

(2) 오른발 바깥쪽에서 왼발을 사진 54의 화살표 방향으로 돌리고, 신체를 오른쪽으로 돌린다. 오른쪽 검의 손잡이를 오른쪽 앞으로 내고, 검끝은 왼쪽 앞에서 사진 55의 자세를 취한다.

(3) 오른발을 사진 55의 화살표를 따라 왼발 뒤로 내리고, 사진 56의 자세가 되도록 양팔을 벌린다.

32 궁보직자(弓步直刺)

(1) 사진 56의 화살표 방향으로 왼발을 반보 전진시키고 체중을 왼발로 이동시키고, 동시에 오른손의 검을 앞으로 내 뻗고, 왼손은 오른손 팔 부분에 붙이고 사진 57의 자세를 취한다. 눈은 앞쪽을 본다.

32 수식(收式 : 끝내는 자세)

(1) 체중을 오른발에 이동시키고, 상체를 오른쪽으로 돌려 오른쪽 팔꿈치를 당기고 사진 58의 자세가 되도록 하고, 검의 손잡이를 오른쪽 가슴 앞까지 가져간다. 눈은 검의 날을 본다.

(2) 오른쪽 검은 사진 58의 점선을 따라 왼손으로 바꾸어 들고 사진 59의 자세를 취하고 양손을 벌린다. 동시에 신체를 왼쪽으로 돌리면서 오른발을 사진

58 (수식)

59

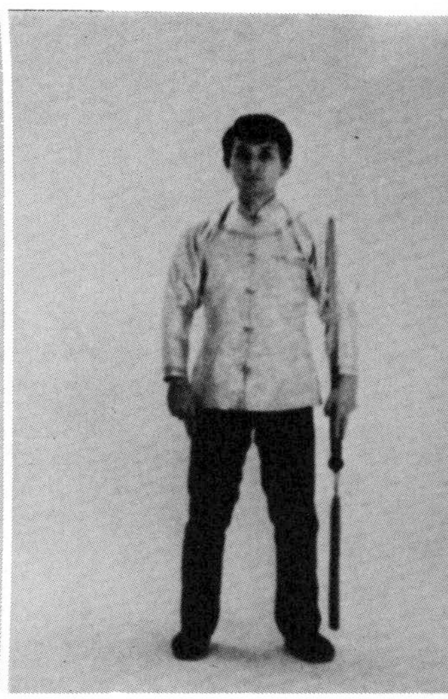

60

59의 화살표를 따라 앞으로 전진시키고, 왼쪽 검은 점선을 따라 아래로 내리고, 발은 어깨 폭이 되도록 하고, 사진 60과 같이 자연체(自然体)가 되도록 한다. 눈은 앞쪽을 본다.

(3) 쌍검의 기법

봉황좌와식 (鳳凰坐窩式)

입환양사검 (入環兩斜劍)

현대궁후교본

2021년 8월 25일 재판
2021년 8월 30일 발행

지은이 | 한국레저연구회
펴낸이 | 최 원 준

펴낸곳 | 태 을 출 판 사
서울특별시 중구 다산로 38길 59(동아빌딩내)
등 록 | 1973. 1. 10(제1-10호)

■ 주문 및 연락처
우편번호 04584
서울특별시 중구 다산로 38길 59(동아빌딩내)
전화 : (02)2237-5577 팩스 : (02)2233-6166

ISBN 978-89-493-0643-8 13690